S.F.
V.

Henri Michaux

IN DER GESELLSCHAFT DER UNGEHEUER

Ausgewählte Dichtungen
Französisch und deutsch

Mit einem Aufsatz
von E. M. Cioran

S. Fischer Verlag

Übertragen von Paul Celan und Kurt Leonhard
Zusammengestellt von Christoph Schwerin
aus den 1966 und 1971 bei S. Fischer erschienenen Bänden
Henri Michaux, *dichtungen. schriften I* und
dichtungen. schriften II

Satz: Wagner GmbH, Nördlingen
Druck und Einband: Franz Spiegel Buch GmbH, Ulm
Printed in Germany 1986
ISBN 3-10-049107-6

IN DER GESELLSCHAFT DER UNGEHEUER

Deutsch von Paul Celan, *Der große Kampf* deutsch von Kurt Leonhard

WER ICH WAR

Qui je fus (1927)

ÉNIGMES

À Jules Supervielle

Ceux-là savaient ce que c'est que d'attendre. J'en ai connu un, et d'autres l'ont connu, qui attendait. Il s'était mis dans un trou et il attendait.
Si toi-même tu cherchais un trou pour quelque usage, mieux valait, crois-moi, chercher ailleurs un autre trou, ou bien à ses côtés t'asseoir, fumant les longues pipes de la patience.
Car il ne bougeait point de là.
On lui jetait des pierres et ils les mangeait.
Il avait l'air étonné, puis il les mangeait. Il demeurait ainsi pendant le sommeil et pendant l'éveil, plus que la vie d'un préjugé, plus qu'un cèdre, plus que les psaumes qui chantent les cèdres abattus; il attendait ainsi, toujours diminuant jusqu'à n'être plus que l'orteil de lui-même.

*

Il avait marché, m'a-t-on dit, pendant des années et des siècles, consultant le calendrier.
Et, à présent, il vérifiait si tout le monde était là.
C'est qu'à ce 25 décembre, il avait donné rendez-vous, autrefois, il y avait six cent six ans, à des soldats dont les parents n'étaient pas nés, à des armes qui n'avaient pas été inventées, à un massacre immense dans un lieu inexploré.
Quand tout se tint au rendez-vous, il fut trouvé mort, mais encore tiède.

*

Le châtaignier prouvait contre le pommier l'existence de l'homme – mais c'est la lampe à arc qu'il avait prise pour celui-là.

RÄTSEL

Für Jules Supervielle

Die da drüben wußten, was Warten heißt. Ich habe einen von ihnen gekannt – und auch andre haben ihn gekannt –, er wartete. Er hatte sich in ein Loch gesetzt, und er wartete. Wenn du selbst, zu irgendeinem Zweck, ein Loch suchen solltest, so glaub mir, es ist besser, du suchst dir anderswo ein anderes Loch aus, oder du setzt dich neben das erste und rauchst die langen Pfeifen der Geduld.
Denn er rührte sich nicht vom Fleck.
Man warf mit Steinen nach ihm – die aß er.
Zuerst machte er ein erstauntes Gesicht, dann aß er sie. Dabei blieb er, im Schlafen und im Wachen, eine ganze Weile, länger als ein Vorurteil lebt, länger als eine Zeder, länger als die Psalmen, die das Lied von den gefällten Zedern singen: so harrte er aus, kleiner und kleiner werdend, bis er schließlich nicht größer war als seine eigene Zehe.

*

Jahre und Jahrhunderte lang, so sagte man mir, war er marschiert, den Kalender befragend.
Und jetzt, da sah er nach, ob auch alle Welt beisammen war.
Denn für diesen 25. Dezember hatte er einstmals, vor sechshundertsechs Jahren, ein Stelldichein verabredet – mit Soldaten, deren Eltern noch nicht geboren waren, mit Waffen, die man noch nicht erfunden hatte, mit einem Riesengemetzel an noch unerforschtem Ort.
Als alles sich einfand, lag er als Leiche da, als noch halbwarme Leiche.

*

Der Kastanienbaum hielt dem Apfelbaum die Existenz des Menschen entgegen – allein er hatte die Bogenlampe für diesen gehalten.

*

J'étais la mimique.
D'un homme la figure, mais dans le chien j'occupais la queue, et donc traînais, quand une charrette passant au ras des cuisses du chien, je suis tombé par terre.
Le soir venu, un homme prenant ça pour un cigare ramassa la mimique et fut effrayé.

*

J'étais un fœtus.
Ma mère me réveillait quand il lui arrivait de penser à Monsieur de Riez.
En même temps, parfois se trouvaient éveillés d'autres fœtus, soit de mères battues ou qui buvaient de l'alcool ou occupées au confessionnal.
Nous étions ainsi, un soir, soixante-dix fœtus qui causions de ventre à ventre, je ne sais trop par quel mode, et à distance.
Plus tard nous ne nous sommes jamais retrouvés.

*

Il marchait toujours droit devant lui, sans se retourner. Les arbres, sur son chemin, il les culbutait, et si plats que des photos.
Hormis cela il était complaisant – même il lavait le linge en passant; on lui faisait porter des lettres, d'une étape à l'autre, qu'un ami venait prendre a' l'arrivée. Mais si c'est un village qui se trouvait devant lui, il croyait que c'était pour emporter, et il l'emportait.

*

Il s'est dressé au milieu d'eux: »Laissez tomber les chaises«, dit-il, »et allez-vous en, les chiens d'abord, puis la queue des chiens, puis les femmes et les enfants.«

*

Ich war die Mimik.
Beim Menschen war ich das Gesicht, aber im Hund, da hatte ich den Schwanz inne und schleifte infolgedessen am Boden: als dann ein Karren dicht an den Schenkeln des Hundes vorbeifuhr, blieb ich liegen.
Dann kam der Abend, ein Mann hielt das Ganze für eine Zigarre, las die Mimik auf und erschrak.

*

Ich war ein Fötus.
Meine Mutter weckte mich, wenn es geschah, daß sie an Herrn de Riez dachte.
Es kam vor, daß zur gleichen Zeit auch andere Fötusse aufwachten, solche von Müttern, die geschlagen worden waren oder Alkohol tranken oder im Beichtstuhl zu tun hatten.
So waren unser eines Abends siebzig Fötusse, die sich von Bauch zu Bauch unterhielten, auf ich weiß nicht mehr welche Weise, par distance.
Wir haben nie mehr zueinander gefunden seitdem.

*

Er schritt immer geradeaus, ohne sich umzusehen. Die Bäume auf seinem Weg warf er über den Haufen, warf sie platt, und es waren Photographien.
Sonst war er gefällig – im Vorbeigehen wusch er den Leuten sogar die Wäsche. Man ließ ihn Briefe austragen, von Station zu Station, ein Mann holte sie ab, wenn er ankam. Aber wenn er auf ein Dorf stieß, dann dachte er, es sei zum Mitnehmen, und nahm es mit.

*

Er erhob sich in ihrer Mitte und sagte: »Laßt die Stühle Stühle sein und macht euch auf den Weg, die Hunde zuerst, dann die Hundeschwänze, dann die Frauen und Kinder.«

Devant eux est le désert.
»Ne confondez pas les chameaux et le sol. Car de l'un seul sort un grognement, et l'aide dont vous aurez besoin.«
Alors ils dirent entre eux: »C'est une route qu'il nous faut. Or donc, plantons des arbres.« Et ils les plantent au fur et à mesure du trajet.
Et ils avancent – et toujours le désert! Ils ont des enfants.
Après vingt années les enfants dirent aux parents: »Vos genoux sont vieux! Oui, vos genoux sont vieux. Vous ne pouvez le nier.« Et ils décident ceci: les parents resteront dans les arbres, on leur donnera aussi un chien, une laisse et l'horizon tout autour.
Eux repartent.
Et pareillement font les fils des fils, et pareillement les petits-fils des fils.
Quatre générations restèrent dans les arbres. La cinquième arrive enfin au terme du désert.
Les chiens aux arbres ont dû, je pense, rudement aboyer.

*

J'étais une parole qui tentait d'avancer à la vitesse de la pensée.
Les camarades de la pensée assistaient.
Pas une ne voulut sur moi tenir le moindre pari, et elles étaient bien là six cent mille qui me regardaient en riant.

*

Coupe le chat, il reste la queue; il l'a dit et voilà comme il était. Ils sont tous ainsi, te dis-je, tous, même mes amis. Je les laisse dire. Moi, je ne parle qu'aux yeux du chat, pas à sa queue.

Vor ihnen ist die Wüste.
»Ihr sollt die Kamele nicht mit dem Erdboden verwechseln. Denn nur aus dem einen kommt ein Grunzen – und die Hilfe, die ihr braucht.«
Da sprachen sie untereinander: »Was wir brauchen, das ist ein Weg. Laßt uns also Bäume pflanzen.« Und so pflanzen sie denn, in dem Maße, wie sie vorankommen.
Und sie kommen weiter und weiter voran – und immerzu Wüste. Sie haben Kinder.
Zwanzig Jahre später sprachen die Kinder zu den Eltern: »Eure Knie sind alt! Jawohl, eure Knie sind alt, das könnt ihr nicht leugnen.« Und sie beschließen Folgendes: die Eltern bleiben in den Bäumen, sie sollen auch einen Hund bekommen, eine Leine und den Horizont ringsum.
Worauf sie sich wieder auf den Weg machen.
Und genauso tun die Söhne der Söhne, genauso die Enkel der Söhne.
Vier Generationen blieben in den Bäumen. Die fünfte erreicht endlich den Rand der Wüste.
Die Hunde in den Bäumen werden, denke ich, tüchtig gebellt haben.

*

Ich war ein Wort, das mit der Geschwindigkeit des Gedankens voranzukommen suchte.
Die Kameraden des Gedankens waren zugegen.
Auch nicht einer wollte wetten und auf mich setzen, und dabei waren es gut sechshunderttausend, die mir da lachend zusahen.

*

Schneide die Katze entzwei, es bleibt der Schwanz; er hat es gesagt – so einer war er also. So sind sie alle, sag ich dir, jawohl, alle, sogar meine Freunde. Ich lasse sie reden. Ich, ich spreche nur zu den Augen der Katze, nicht zu ihrem Schwanz.

Ceux qui emploient un langage vulgaire comprendront mes paroles de certaine façon ... Et alors?

*

Il entretenait, avec un arrosoir, un jardin de boue.
Et de jour, sous le soleil, c'est un jardin d'or.
La nuit, le jardin d'or est dans son rêve.
C'était l'homme le plus riche de la terre.

*

Il ricanait paisiblement. Tu allais à lui avec un bâton. Il te le rompait net, mais tout aussitôt regrettant son méfait, lui-même te le remettait entier dans la main. Et toi, vainement, de chercher où le bâton s'était trouvé rompu.
Mais l'homme qui s'avançait contre lui pour un à bras-le corps, il l'empochait. Et dans ses poches est asphyxie et mort. Quand l'homme devenait puant, il le sortait de sa poche. Celui-ci en tombant se rompait la carcasse.

*

Il arrivait avec un bruit terrible, mais lui-même tremblant, quoiqu'il eût pu écraser dix hommes et leur ménage à ces dix hommes.
On avait coutume de lui grimper dessus.
Il montrait alors ce qu'il pouvait faire.
Les maisons, les ayant prises au fur et à mesure de son passage, il les jetait à droite et à gauche, derrière lui, mais ensuite les reposait sur terre, avec la délicatesse d'une vieille habitude, comme on range son mouchoir dans sa poche. On ne s'étonnait plus de la chose, sauf toutefois les jeunes chiens.

*

Je formais avec de la mie de pain, une petite bête, une sorte de souris. Comme j'achevais à peine sa troisième patte,

Wer sich einer vulgären Ausdrucksweise bedient, wird meine Worte auf eine ganz bestimmte Weise auffassen ... Ja und?

*

Mit einer Gießkanne hielt er einen Schlammgarten instand.
Und bei Tag, in der Sonne, ists ein Garten aus Gold.
Nachts ist der goldene Garten in seinem Traum.
Er war der reichste Mann der Erde.

*

Er grinste geruhsam. Mit einem Stock gingst du auf ihn zu. Den brach er dir entzwei, mit einem Mal aber, da er seine Tat im nächsten Augenblick bereute, legte er ihn dir selbst wieder intakt in die Hand. Und nun suchst du vergebens die Stelle, wo der Stock entzwei war.
Aber den Mann, der auf ihn zugeschritten kam, um ihn mitten um den Leib zu fassen, den steckte er in die Tasche. Und in seinen Taschen ist Ersticken und Tod. Wenn der Mann zu stinken begann, holte er ihn wieder hervor. Der fiel dann zu Boden und brach sich das Gerippe.

*

Der kam mit einem fürchterlichen Geräusch daher, wobei er selbst jedoch zitterte, obgleich er zehn Männer hätte niedertreten können und deren Haushalt dazu.
Man pflegte ihm auf den Buckel zu klettern.
Dann zeigte er, was er konnte.
Er warf die unterwegs hochgehobenen Häuser hinter sich, nach rechts und nach links, stellte sie aber dann wieder auf die Erde, mit dem Zartsinn einer alten Gewohnheit, so wie man ein Taschentuch in der Tasche versorgt. Man erstaunte nicht mehr darüber, mit Ausnahme der jungen Hunde freilich.

*

Aus Brotkrume formte ich ein kleines Tier, eine Art Maus. Ich hatte kaum das dritte Pfötchen fertiggekriegt, da fängt das

voilà qu'elle se met à courir ... Elle s'est enfuie à la faveur de la nuit.

*

Mon premier est touché à mort
Mon deuxième se brosse en attendant
Mon troisième ramasse les noyaux
Est battu par mon quatrième
Et mon tout dit: »C'est moi le bon juge.«

RÉVÉLATIONS SUR L'HOMME QUI S'EST JETÉ DU SOIXANTE DEUXIÈME ÉTAGE DE KREEKASTEL À BROADWAY ET QUI S'APPELAIT BENSON

Il est mort de saisissement!
C'était un lâche. Au moment que déjà il tombait, seulement alors il eut peur, en voyant l'énorme espace audessous de lui. Le corps seul tombe. Lui, Benson se retient, reste sur place à peu près à la hauteur du cinquanteneuvième étage ou entre le cinquante-neuvième et le soixantième et regarde le corps qui descend, descend, est descendu et s'épanouit en morceaux. Alors, lentement Benson (l'âme de Benson) commence à descendre, voit son corps de près et qu'il n'est plus habitable; il se met à regarder l'attroupement d'un air gêné, le policeman qui écrit sur son calepin et les personnes qui s'en vont avec une histoire de plus à raconter chez eux ce soir-là.
Oui, Benson est un lâche. Mais il faut une incroyable force de volonté quand on tombe pour rester quand même dans son corps, malgré le prochain écrasement des tissus.
Oh! oh! une prodigieuse force de volonté.
Parfois aussi la chute s'est produite seulement du troisième étage et le corps est moins endommagé.

Ding auch schon zu laufen an ... Im Schutz der Nacht lief es davon.

*

Mein Erstes ist auf den Tod getroffen
Mein Zweites bürstet sich einstweilen
Mein Drittes klaubt die Kerne auf
Geschlagen wirds von meinem Vierten
Das Ganze sagt: »Der gerechte Richter, das bin ich.«

ENTHÜLLUNGEN DEN MANN BETREFFEND, DER SICH AUS DEM ZWEIUNDSECHZIGSTEN STOCKWERK VON KREEKASTEL AUF DEN BROADWAY STÜRZTE UND DER BENSON HIESS

Er starb vor Ergriffenheit!
Er war feige. In dem Augenblick, da er stürzte, erst da, als er den riesigen Raum unter sich sah, packte ihn die Angst. Nur der Körper fällt. Er, Benson, hält sich zurück, bleibt an Ort und Stelle, etwa in der Höhe des neunundfünfzigsten Stockwerks, oder zwischen dem neunundfünfzigsten und dem sechzigsten, und sieht, wie sein Körper sinkt, tiefer und tiefer, wie er unten ankommt und sich auftut in lauter Stücke. Und da beginnt nun Benson (Bensons Seele) langsam zu Boden zu gehen, sieht seinen Körper aus der Nähe, sieht, daß er nicht mehr bewohnbar ist; mit verlegener Miene fängt er an, den Menschenauflauf zu betrachten, den Polizisten, der etwas in sein Merkbuch schreibt, und die Leute, die sich, um eine heute abend zu Hause zu erzählende Geschichte reicher, wieder verlaufen.
Ja, Benson ist feige. Aber es bedarf einer unglaublichen Willenskraft, um beim Fallen dennoch in seinem Körper zu bleiben, trotz der bevorstehenden Zerstörung der Gewebe.
Oh, einer ans Wunderbare grenzenden Willenskraft!
Mitunter kommt es auch vor, daß der Sturz nur aus dem dritten Stockwerk erfolgt und der Körper geringeren Schaden nimmt.

Le médecin procède à la respiration artificielle pendant une heure et il se dit: »qu'il le raura à la vie ce bougre de client; qu'il le raura!« Mais l'âme s'est déjà éloignée et c'est exactement comme s'il essayait de faire respirer une gabardine.
Il arrive aussi que l'âme regrette sa lâcheté. Elle est à rôder autour du corps, le juge en état encore satisfaisant, s'y glisse, essaye rapidement différentes positions de concordance, enfin se cale dans le corps qui respire aussitôt. Et le médecin sourit en s'épongeant.

L'ÉTOILE EN BOIS

Pourquoi pas un journal de
l'impossible, du Jamais arrivé?

à Alfredo Gangotena

Les habitants de la planète Mars s'occupent beaucoup. Maintenant, ils font une étoile en bois, en bois très dur, presque aussi ininflammable que la porcelaine et qui jauge plusieurs kilomètres cubes. Ils travaillent longtemps, la sphère grossit, grossit, grossit; quand on a dépassé le niveau des supernumici, ne montent plus dessus que des gens entreprenants et des désespérés avec des animaux domestiques et des semences et de la terre végétale. Puis, à peu près au moment calculé, car il y a toujours des perturbations d'un certain ordre, l'étoile en bois se met à rouler (les habitants se réfugient à l'intérieur), se met à rouler à une grande vitesse.
Les voilà partis.
Les Martiens en ont déjà lancé trois.
Elles tournent autour de Mars avec régularité, et à l'œil des Martiens sont grosses comme des melons.

Der Arzt nimmt die künstliche Atmung vor, eine Stunde lang, und sagt sich dabei, daß er ihn schon wieder lebendig kriegt, den Henkerspatienten, jawohl, daß er ihn schon wieder lebendig kriegt! Aber die Seele hat sich bereits entfernt, und es ist genauso, wie wenn er einem Regenmantel das Atmen beizubringen versuchte.
Es kann vorkommen, daß die Seele ihre Feigheit bereut. Sie streunt dann um den Körper herum, befindet seinen Zustand für noch zufriedenstellend, schlüpft hinein, probiert schnell ein paar übereinstimmende Positionen, macht es sich endlich bequem in dem Körper, der sogleich zu atmen beginnt. Und der Arzt lächelt, während er sich die Stirn abtupft.

DER HOLZSTERN

Warum nicht ein Tagebuch des Unmöglichen, des Niegeschehenen?

Für Alfredo Gangotena

Die Bewohner des Planeten Mars sind besonders geschäftige Leute. Jetzt machen sie einen Holzstern, einen Stern aus sehr hartem Holz, beinah genauso feuerfest wie Porzellan und mit einer Wasserverdrängung von mehreren Kubikkilometern. Sie arbeiten und arbeiten, die Kugel wird größer und größer und größer: ist man über die Supernumici hinausgelangt, so besteigen ihn nur mehr unternehmungslustige Leute und Verzweifelte mit Haustieren und Samenkörnern und Pflanzenerde. Dann, ungefähr in dem vorausberechneten Augenblick – denn es gibt immer Störungen einer gewissen Größenordnung – fängt der Holzstern zu rollen an (die Bewohner flüchten sich ins Innere), fängt er mit großer Geschwindigkeit zu rollen an.
Fort sind sie.
Schon drei solcher Sterne haben die Marsleute abgeschossen.
Sie kreisen regelmäßig um den Mars und erscheinen den Marsbewohnern so groß wie Melonen.

FATIGUE I

Il allait lentement, le plus lentement possible pour que son âme pût éventuellement rattraper son corps. Il est fort inquiet de n'être parti qu'avec les trois quarts de celle-ci car en face des incidents de la vie, on n'est pas de trop tout entier.

Combien de pensionnaires se sont endormis dans les dortoirs qu'on réveille le matin au son de cloches – on les force aussitôt à se lever, à se laver – qui restent fatigués toute la journée tandis qu'une partie de leur âme continue à circuler dans les dortoirs entre clefs et autres objets en fer, morceaux humains ne pouvant se reposer et ne sachant que faire. Ces enfants se morcelant ainsi chaque nuit se trouvent à la fin du premier trimestre réduits à une portion d'âme tellement petite que bientôt il n'y en aura même plus assez pour faire un imbécile.

FATIGUE II

Oui, il faut se méfier des grandes fatigues. Une fatigue, c'est le bloc »moi« qui s'effrite. Comprenez-le bien. On arrive ainsi à se perdre l'âme par bribes et morceaux.

Des soldats après dix étapes meurent souvent. Ils crachent leur sang qui ne leur sert plus de rien.

Il reste ainsi des tas de morceaux d'âme dans les campements où l'on n'a pas assez dormi. Ces âmes se mettent à errer autour des métaux ou se diluent dans l'eau.

J'avais une amie qui perdait tous ses sentiments dans l'eau. Elle m'aimait. Son mari, pris de soupçons, se sera mis, je parie, à lui vanter l'hydrothérapie et la distance a

MÜDIGKEIT I

Er ging langsam, so langsam als möglich, damit seine Seele gegebenenfalls seinen Körper einholen konnte. Es beunruhigt ihn, und zwar sehr, daß er sich bloß mit zwei Dritteln seiner Seele auf den Weg gemacht hat, denn angesichts der Wechselfälle des Lebens ist man nie vollzählig genug.
Wie viele Internatsschüler sind doch schon in den Schlafsälen eingeschlafen und werden morgens mit Glockengeläut geweckt – man zwingt sie, sofort aufzustehen, sich zu waschen – wie viele, die den ganzen Tag lang müde bleiben, während ein Teil ihrer Seele sich nach wie vor im Schlafsaal herumbewegt, zwischen Schlüsseln und anderen Gegenständen aus Eisen – Stücke von Menschen, die nicht zur Ruhe kommen und nichts mit sich anzufangen wissen. Diese sich Nacht für Nacht zerstückelnden Kinder sind am Ende des ersten Vierteljahres zu einem so winzigen Seelenteilchen zusammengeschrumpft, daß es bald nicht einmal dazu ausreichen wird, einen Vollidioten abzugeben.

MÜDIGKEIT II

Ja, vor großen Müdigkeiten muß man sich in acht nehmen. Eine Müdigkeit, das ist der abbröckelnde »Ich«-Block. Man verstehe mich recht. Auf diese Weise gelangt man dahin, daß man seiner Seele verlustig geht, bröselweise, stückweise.
Soldaten sterben oft nach zehn Tagesmärschen. Sie spucken Blut – ihr Blut, das zu nichts mehr nütze ist.
So bleiben auf den Lagerplätzen, wo man nicht ausgeschlafen hat, ganze Haufen von Seelenteilchen zurück. Diese Seelen fangen nun an, rund um die Metalle herumzuirren, oder sie lösen sich im Wasser auf.
Ich hatte eine Freundin, die verlor alle ihre Gefühle im Wasser. Sie liebte mich. Ihr Mann, der Verdacht schöpfte, wird, ich wette darauf, angefangen haben, ihr die Wasserheil-

fait le reste. Chère petite âme, va, mais petite âme à petite portée! À Bruxelles, où nous demeurions à quelque cent mètres l'un de l'autre, elle m'apparaissait souvent tout d'un coup à la lisière d'un mur, me regardait bien dans les prunelles. C'était très doux. Mais quand je fus à Paris, à trois cent quinze kilomètres ... c'était trop pour toi, je t'excuse, sois-en sûre.
Je me demande au fait jusqu'où elle m'eût aimé. À Nancy m'eût-elle aimé? À Anvers m'eût-elle aimé? En mettant l'eau à part naturellement, et mes ennemis qui n'éprouvent aucune difficulté à répandre que je suis un peu fou, un peu bizarre et qu'il serait bon de se méfier.

HOMME D'OS

à Jean Paulhan

Parfois il nous semble certain qu'un durcissement se produit en nous dans un organe, dans une région corporelle quelconque. Chez moi, et généralement quand il m'arrive de boire de l'eau, c'est la tête qui durcit, et appuie sur moi comme un pèse-mains. Le minerai, ce qui se calcule en tonnes, toutes les grosses pièces, les madriers, je me mets à les connaître. On est frères. Mais c'est surtout l'homme que dans ces moments-là je me plais à observer. Le voici. Moi-même tout en os, je me campe devant. Lui (son âme veux-je dire), fléchit comme le regard d'une vieille propriétaire devant son assasin, – ce regard qui cesse d'être au point, cette distribution du sang qui se modifie, ces nappes d'anémie qui apparaissent dans le visage, – il se met à chercher dans son passé et dans ses reproches personnels contre lui-même, je le sens qui rebrousse

behandlung anzupreisen, und die Entfernung tat dann das ihre. Liebes kleines Seelchen, gewiß, aber kleines Seelchen mit geringem Wirkungsbereich! In Brüssel, wo wir etwa hundert Meter entfernt voneinander wohnten, erschien sie mir oft ganz plötzlich an einem Mauerstreifen, blickte sie mir tief in die Augen. Das war ungemein wohltuend. Aber als ich dann in Paris war, in dreihundertfünfzehn Kilometer Entfernung ... da wars zuviel für dich, ich verzeihs dir, sei getrost.

Ich frage mich, wie weit sie mich eigentlich geliebt hätte. In Nancy – würde sie mich da noch geliebt haben? In Antwerpen – würde sie mich da noch geliebt haben? Ganz abgesehen natürlich vom Wasser und von meinen Feinden, die ganz ohne Bedenken das Gerücht verbreiten, ich sei ein bißchen verrückt, ein bißchen sonderbar, und daß es gut wäre, auf der Hut zu sein.

KNOCHENMENSCH

Für Jean Paulhan

Manchmal sind wir so gut wie sicher, daß in unserm Innern eine Verhärtung erfolgt – in einem Organ, in irgendeiner Körpergegend. Bei mir, und im allgemeinen dann, wenn es passiert, daß ich Wasser trinke, bei mir also ist es der Kopf, der sich verhärtet und auf mir lastet wie ein Briefbeschwerer. Das Erz, alles, was in Tonnen berechnet wird, alle Großteile, die Bohlen: ich fange an, mir ein Bild zu machen von ihnen. Wir sind Brüder. Vor allem ist es jedoch der Mensch, den ich in solchen Augenblicken gern beobachte. Da ist er also. Ich selbst, nichts als Knochen, ich pflanze mich vor ihm auf. Er (will sagen seine Seele) wird weich wie der Blick einer alten Hausbesitzerin im Angesicht ihres Mörders, dieser nicht mehr richtig eingestellte Blick, diese sich modifizierende Blutverteilung, diese Blutarmutsflächen, die plötzlich im Gesicht erscheinen – er fängt an, seine Vergangenheit zu durchfor-

chemin dans sa peau, dans sa chair, et de plus en plus au fond; alors avec quelques connaissances médicales vous établissez aisément si l'homme a un cancer au foie, s'il fait de l'albumine, s'il dort en arc de cercle se plaignant que le lit est trop étroit malgré ses 2 mètres 20, s'il transpire excessivement à l'aine, s'il supporte les grandes altitudes, et l'air de la Manche, et bien d'autres choses, croyez-moi, et la façon comment. Il faut qu'il avoue tout à l'homme d'os.

Je ne suis pas encore parfaitement homme d'os, cela viendra, alors je verrai le passé et l'avenir et dans l'espace entier.

LE GRAND COMBAT

à R. M. Hermant

Il l'emparouille et l'endosque contre terre;
Il le rague et le roupète jusqu'à son drâle;
Il le pratèle et le libucque et lui barufle les ouillais;
Il le tocarde et le marmine,
Le manage rape à ri et ripe à ra.
Enfin il l'écorcobalisse.

L'autre hésite, s'espudrine, se défaisse, se torse et se ruine.
C'en sera bientôt fini de lui;
Il se reprise et s'emmargine ... mais en vain
Le cerceau tombe qui a tant roulé.
Abrah! Abrah! Abrah!
Le pied a failli!
Le bras a cassé!
Le sang a coulé!

schen, seine Selbstvorwürfe, ich spüre, wie er umkehrt in seiner Haut, in seinem Fleisch, wie er tiefer und tiefer nach innen dringt; ein paar gezählte medizinische Kenntnisse genügen dann, um festzustellen, ob der Mann einen Leberkrebs hat, ob er zuviel Eiweiß ausscheidet, ob er kreisbogenförmig schläft und sich dabei über das trotz seiner 2 Meter 20 Länge allzu enge Bett beklagt, ob er übermäßig schwitzt in der Leistengegend, ob er Hochgebirgsluft verträgt und die Luft des Ärmelkanals, und manches andere noch, glauben Sie mir, und die Art und Weise, wie. Alles muß er ihm gestehen, dem Knochenmenschen.
Ich bin noch nicht ganz Knochenmensch, das kommt noch, dann werde ich Vergangenheit und Zukunft sehen und in die ganze Tiefe des Raumes schauen.

DER GROSSE KAMPF

Für R. M. Hermant

Er greidolkt ihn und podartscht ihn zu Boden,
er rampft und rippert ihn bis zum Verdreucheln,
er wickullt und stauchöbt ihn und fluddert ihm die
  Hoduskeln;
er stibüntet ihn, walzundet ihn,
mannackt ihn Rack auf Ritsche und Rick auf Ratsche.
Endlich entkorkoballistert er ihn.

Der andere zaudert, erschückert sich, wankelt, verrümpft sich,
  sackt ein.
Bald wird Schluß mit ihm sein;
er fängt sich und kantelt sich auf ... doch vergebens –
gestürzt liegt das Faß, das so lange gerollt.
Abrah! Abrah! Abrah!
Fuß gefangen!
Arm gebrochen!
Blut geflossen!

Fouille, fouille, fouille,
Dans la marmite de son ventre est un grand secret
Mégères alentour qui pleurez dans vos mouchoirs;
On s'étonne, on s'étonne, on s'étonne
Et vous regarde
On cherche aussi, nous autres, le Grand Secret.

Wühl, wühl, wühl,
im Kessel seines Bauches ist ein großes Geheimnis,
ihr Furien rings weint in die Taschentücher;
man staunt, staunt, staunt,
man schaut euch an:
wir alle, wir suchen das Große Geheimnis.

Deutsch von Kurt Leonhard

MEINE BESITZUNGEN

Mes Propriétés (1929)

UN CHIFFON

J'ai rarement rencontré dans ma vie des gens qui avaient besoin comme moi d'être regonflés à chaque instant.
On ne m'invite plus dans le monde. Après une heure ou deux (où je témoigne d'une tenue au moins égale à la moyenne), voilà que je me chiffonne. Je m'affaisse, je n'y suis presque plus, mon veston s'aplatit sur mon pantalon aplati.
Alors les personnes présentes s'occupent à des jeux de société. On va vite chercher le nécessaire. L'un me traverse de sa lance, ou bien il use d'un sabre. (On trouve hélas! des panoplies dans tous les appartements.) L'autre m'assène joyeusement de gros coups de massue avec une bouteille de vin de Moselle, ou avec un des ces gros doubles-litres de Chianti, comme il y en a; une personne charmante me donne de vifs coups de ses hauts talons; son rire est flûté, on la suit avec intérêt et sa robe va et vient, légère. Tout le monde est plein d'entrain.
Cependant je me suis regonflé. Je me brosse vite les habits de la main, et je m'en vais mécontent. Et tous de pouffer de rire derrière la porte.
Des gens comme moi, ça doit vivre en ermite, c'est préférable.

MES OCCUPATIONS

Je peux rarement voir quelqu'un sans le battre. D'autres préfèrent le monologue intérieur. Moi, non. J'aime mieux battre.
Il y a des gens qui s'assoient en face de moi au restaurant et ne disent rien, ils restent un certain temps, car ils ont décidé de manger.
En voici un.

EIN JAMMERLAPPEN

Selten in meinem Leben bin ich Leuten begegnet, die wie ich jeden Augenblick neu aufgepumpt werden müssen.
Man lädt mich nicht mehr in Gesellschaften ein. Nach ein, zwei Stunden (so lange lege ich eine Haltung an den Tag, die der durchschnittlichen zumindest gleichkommt) geschieht es, daß ich schrumpfe. Ich sacke zusammen, bin beinahe nicht mehr da, meine Jacke wird immer flacher über meiner flach herunterhängenden Hose.
Dann denken sich die anwesenden Personen Gesellschaftsspiele aus. Rasch holt man sich das Notwendige zusammen. Der eine durchbohrt mich mit seiner Lanze, oder er benutzt wohl auch einen Säbel dazu. (Leider findet man in allen Wohnungen Ritterrüstungen.) Ein andrer versetzt mir fröhlich schwere Keulenschläge mit einer Moselweinflasche oder mit einer jener großen Zweiliter-Chiantiflaschen, wie sie üblich sind; eine charmante Dame gibt mir heftige Stöße mit ihren hohen Absätzen; sie lacht ein flötenartiges Lachen, man folgt ihr mit Interesse, ihr leichtes Kleid flattert herbei und vorbei. Alle sind in Stimmung.
Inzwischen habe ich mich wieder aufgepumpt. Rasch staube ich mit der Hand meine Kleider ab und gehe verdrießlich hinaus. Hinter der Tür wollen alle sich totlachen.
Leute wie ich sollten als Einsiedler leben, das wäre klüger.

MEINE LIEBLINGSBESCHÄFTIGUNG

Ich kann selten jemand vor Augen haben, ohne ihn zu schlagen. Andere sind mehr für den inneren Monolog. Ich nicht. Mir ist Schlagen lieber.
Es gibt Leute, die setzen sich im Restaurant mir gegenüber, sagen kein Wort und bleiben eine Zeitlang sitzen, weil sie sich vorgenommen haben zu essen.
Da ist so einer.

Je te l'agrippe, toc.
Je te le ragrippe, toc.
Je le pends au porte-manteau.
Je le décroche.
Je le repends.
Je le redécroche.
Je le mets sur la table, je le tasse et l'étouffe.
Je le salis, je l'inonde.
Il revit.
Je le rince, je l'étire (je commence à m'énerver, il faut en finir), je le masse, je le serre, je le résume et l'introduis dans mon verre, et jette ostensiblement le contenu par terre, et dis au garçon: »Mettez-moi donc un verre plus propre.«
Mais je me sens mal, je règle promptement l'addition et je m'en vais.

LA PARESSE

L'âme adore nager.
Pour nager on s'étend sur le ventre. L'âme se déboîte et s'en va. Elle s'en va en nageant. (Si votre âme s'en va quand vous êtes debout, ou assis, ou les genoux ployés, ou les coudes, pour chaque position corporelle différente l'âme partira avec une démarche et une forme différentes, c'est ce que j'établirai plus tard.)
On parle souvent de voler. Ce n'est pas ça. C'est nager qu'elle fait. Et elle nage comme les serpents et les anguilles, jamais autrement.
Quantité de personnes ont ainsi une âme qui adore nager. On les appelle vulgairement des paresseux. Quand l'âme quitte le corps par le ventre pour nager, il se produit une telle libération de je ne sais quoi, c'est un abandon, une jouissance, un relâchement si intime.

Ich lang ihn mir, peng.
Ich lang ihn mir nochmal, peng.
Ich häng ihn am Kleiderständer auf.
Ich hak ihn los.
Ich häng ihn wieder auf.
Ich hak ihn wieder los.
Ich setz ihn auf den Tisch, ich stauch ihn, bis er die Puste verliert.
Ich schmier ihm was an, ich gieß ihm was über.
Er wird wieder lebendig.
Ich spüle ihn ab, ich walze ihn platt (ich fange an, nervös zu werden, es muß ein Ende haben), ich knete ihn, ich presse ihn, ich kürze ihn ab und stecke ihn in mein Glas und schütte den Inhalt ostentativ auf den Fußboden und sage zum Kellner: »Bringen Sie mir doch ein saubreres Glas.«
Aber mir ist übel geworden, auf der Stelle begleiche ich die Rechnung und gehe.

DIE FAULHEIT

Die Seele schwimmt leidenschaftlich gern.
Zum Schwimmen streckt man sich auf den Bauch aus. Die Seele löst sich heraus und entfernt sich. Sie entfernt sich schwimmend. (Wenn deine Seele sich entfernt, während du stehst oder sitzt oder die Knie oder die Ellbogen gebeugt hältst, dann wird sich die Seele für jede Leibesstellung mit einem andern Gang und in einer andern Form auf den Weg machen, darauf komme ich noch zu sprechen.)
Man redet oft vom Fliegen. Das ist es nicht. Schwimmen tut sie. Und sie schwimmt wie Schlangen und Aale, nie anders.
Eine Menge Leute haben so eine Seele, die leidenschaftlich gern schwimmt. Sie werden gemeinhin Faulpelze genannt. Wenn die Seele den Leib durch den Bauch verläßt, um zu schwimmen, dann kommt es zu einer derartigen Befreiung, ich weiß selber nicht wovon – eine Hingabe ists, eine Wonne, eine tiefinnerliche Entspannung.

L'âme s'en va nager dans la cage de l'escalier ou dans la rue suivant la timidité ou l'audace de l'homme, car toujours elle garde un fil d'elle à lui, et si ce fil se rompait (il est parfois très ténu, mais c'est une force effroyable qu'il faudrait pour rompre le fil) ce serait terrible pour eux (pour elle et pour lui).
Quand donc elle se trouve occupée à nager au loin, par ce simple fil qui lie l'homme à l'âme s'écoulent des volumes et des volumes d'une sorte de matière spirituelle, comme de la boue, comme du mercure, ou comme un gaz, jouissance sans fin.
C'est pourquoi le paresseux est indécrottable. Il ne changera jamais. C'est pourquoi aussi la paresse est la mère de tous les vices. Car qu'est-ce qui est plus égoïste que la paresse?
Elle a des fondements que l'orgueil n'a pas.
Mais les gens s'acharnent sur les paresseux.
Tandis qu'ils sont couchés, on les frappe, on leur jette de l'eau fraîche sur la tête, ils doivent vivement ramener leur âme. Ils vous regardent alors avec ce regard de haine, que l'on connaît bien, et qui se voit surtout chez les enfants.
Il y a dans les traités d'anatomie une partie qu'on appelle »le honteux interne«, un muscle je crois, je ne suis pas sûr.
Le »honteux interne« ce mot me poursuit. Je n'entends plus que ça. Le honteux interne, le honteux interne.

UN HOMME PRUDENT

Il croyait avoir dans l'abdomen un dépôt de chaux. Il allait tous les jours trouver les médecins qui lui disaient: »L'analyse des urines ne révèle rien« ou qu'il était plutôt même sur le chemin d'une décalcification, ou qu'il fumait trop, que ses nerfs avaient besoin de repos, que ... que ... que.

Die Seele geht schwimmen, im Treppenhaus oder auf der Straße, je nach der Schüchternheit oder Kühnheit des Menschen, denn immer bewahrt sie einen Faden von sich zu ihm, und wenn dieser Faden zerrisse (manchmal ist er sehr dünn, aber nur eine furchtbare Kraft könnte den Faden zerreißen), das wäre schrecklich für beide (für die Seele und für den Menschen).

Solange sie also in der Ferne schwimmt, fließen durch diesen einfachen Faden, der den Menschen mit der Seele verbindet, Massen über Massen einer Art geistigen Stoffes, wie Schlamm oder wie Quecksilber oder wie ein Gas – eine Wonne ohne Ende.

Darum ist der Faule nie reinzuscheuern von seiner Faulheit. Niemals wird er sich ändern. Darum auch ist Faulheit aller Laster Anfang. Denn was ist selbstsüchtiger als die Faulheit?

Sie hat Fundamente, die der Stolz nicht hat.

Aber die Leute machen den Faulen das Leben sauer.

Wenn sie daliegen, haut man auf sie los, gießt ihnen kaltes Wasser über den Kopf, und schleunigst müssen sie ihre Seele zurückholen. Dann betrachten sie einen mit jenem wohlbekannten Haßblick, den man vor allem bei Kindern sehen kann.

Es gibt in den Anatomielehrbüchern einen Körperteil, der »die innere Schamgegend« genannt wird, ein Muskel glaube ich, genau weiß ich es nicht.

»Die innere Schamgegend« – das Wort verfolgt mich. Es will mir nicht mehr aus dem Sinn. Die innere Schamgegend, die innere Schamgegend.

EIN VORSICHTIGER MENSCH

Er glaubte im Unterleib eine Kalkablagerung zu haben. Alle Tage besuchte er die Ärzte, die ihm sagten: »Die Harnanalyse ist negativ«, oder daß er eher auf dem Wege zu einer Kalkarmut sei, daß er zuviel rauche, daß seine Nerven ruhebedürftig seien, daß ... daß ... daß.

Il cessa ses visites et resta avec son dépôt.
La chaux est friable, mais pas toujours. Il y a les carbonates, les sulfates, les chlorates, les perchlorates, d'autres sels, et c'est naturel, dans un dépôt il faut s'attendre à trouver un peu de tout. Or, le canal de l'urètre, tout ce qui est liquide, oui, mais les cristaux il ne les laisse passer qu'avec un mal de chien. Il ne faut pas non plus respirer trop fort ou accélérer brusquement la circulation en courant comme un fou après le tramway. Que le bloc se désagrège et qu'un morceau entre dans le sang, adieu Paris!
Dans l'abdomen, il y a quantité d'artérioles, d'artères, et de veines principales, le cœur, l'aorte et plusieurs organes importants. C'est pourquoi se plier serait une folie; et aller à cheval, qui y songerait?
Quelle prudence il faut dans la vie!
Il songeait souvent au nombre de personnes qui ont ainsi des dépôts en eux, l'un de chaux, l'autre de plomb, l'autre de fer (et l'on extrayait encore dernièrement une balle dans le cœur de quelqu'un qui n'avait jamais connu la guerre). Ces personnes marchent avec prudence. C'est ce qui les signale au public, qui en rit.
Mais eux s'en vont prudents, prudents, à pas prudents, méditant sur la Nature, qui a tant, qui a tant de mystères.

MES PROPRIÉTÉS

Dans mes propriétés tout est plat, rien ne bouge; et s'il y a une forme ici ou là, d'où vient donc la lumière? Nulle ombre.
Parfois, quand j'ai le temps, j'observe, retenant ma respiration; à l'affût; et si je vois quelque chose émerger, je pars comme une balle et saute sur les lieux, mais la tête,

Er stellte seine Besuche ein und blieb mit seiner Ablagerung allein.
Kalk bröckelt leicht ab, aber nicht immer. Da gibt es die Karbonate, die Sulfate, die Chlorate, die Hyperchlorate, und andere Salze, und natürlicherweise muß man darauf gefaßt sein, in einer Ablagerung von allem etwas zu finden. Nun, die Harnröhre läßt zwar alles durch, was flüssig ist, gewiß, aber Kristalle nur unter hundemäßigen Schmerzen. Man darf auch nicht so heftig atmen oder plötzlich den Blutkreislauf beschleunigen, indem man wie ein Irrer hinter der Trambahn herläuft. Wenn der Block sich auflöst und ein Stückchen ins Blut eintritt – dann lebwohl Paris!
Im Unterleib gibt es eine Menge Äderchen, Arterien, Hauptvenenstränge, dann gibt es das Herz, die Aorta und mehrere wichtige Organe. Deshalb wäre es Wahnsinn, sich zu bücken; und gar ein Pferd zu besteigen – wer dürfte daran denken?
Welcher Vorsicht bedarf es doch im Leben!
Er dachte oft daran, wie viele Personen solche Ablagerungen in sich tragen, der eine Kalk, der andere Blei, wieder ein anderer Eisen (erst kürzlich extrahierte man doch eine Gewehrkugel aus dem Herzen eines Mannes, der nie im Kriege gewesen war). Diese Personen bewegen sich mit Vorsicht. Dadurch fallen sie dem Publikum auf, das über sie lacht.
Sie gehen vorsichtig dahin, vorsichtig, mit vorsichtigen Schritten, und sinnen über die Natur nach, die so viele, so viele Geheimnisse hat.

MEINE BESITZUNGEN

Auf meinen Besitzungen ist alles flach, nichts regt sich; und wenn es auch hier und da eine Form gibt, woher mag das Licht kommen? Keinerlei Schatten.
Manchmal, wenn ich Zeit habe, mache ich Beobachtungen; liege ich da, mit angehaltenem Atem; auf der Lauer; und wenn ich etwas auftauchen sehe, schnelle ich gleich los, wie aus der

car c'est le plus souvent une tête, rentre dans le marais; je puise vivement, c'est de la boue, de la boue tout à fait ordinaire ou du sable, du sable ...
Ça ne s'ouvre pas non plus sur un beau ciel. Quoiqu'il n'y ait rien au-dessus, semble-t-il, il faut y marcher courbé comme dans un tunnel bas.
Ces propriétés sont mes seules propriétés et j'y habite depuis mon enfance et je puis dire que bien peu en possèdent de plus pauvres.
Souvent je voulus y disposer de belles avenues, je ferais un grand parc ...
Ce n'est pas que j'aime les parcs, mais ... tout de même.
D'autres fois (c'est une manie chez moi, inlassable et qui repousse après tous les échecs) je vois dans la vie extérieure ou dans un livre illustré, un animal qui me plaît, une aigrette blanche par exemple, et je me dis: Ça, ça ferait bien dans mes propriétés et puis ça pourrait se multiplier, et je prends force notes et je m'informe de tout ce qui constitue la vie de l'animal. Ma documentation devient de plus en plus vaste. Mais quand j'essaie de le transporter dans ma propriété, il lui manque toujours quelques organes essentiels. Je me débats. Je pressens déjà que ça n'aboutira pas cette fois non plus; et quant à se multiplier, sur mes propriétés on ne se multiplie pas, je ne le sais que trop. Je m'occupe de la nourriture du nouvel arrivé, de son air, je lui plante des arbres, je sème de la verdure, mais telles sont mes détestables propriétés que si je tourne les yeux, ou qu'on m'appelle dehors un instant, quand je reviens, il n'y a plus rien, ou seulement une certaine couche de cendre qui, à la rigueur, révélerait un dernier brin de mousse roussi ... à la rigueur.

Pistole geschossen, und bin mit einem Satz an Ort und Stelle, aber der Kopf, denn meistens ist es ein Kopf, taucht wieder im Sumpf unter; eifrig wühle ich nach, aber es kommt nur Schlamm, ganz gewöhnlicher Schlamm oder Sand, nur Sand . . .

Da tut sich auch kein schöner Himmel auf. Es scheint zwar nichts darüber zu liegen, und doch muß man gebückt gehen wie in einem niedrigen Tunnel.

Diese Besitzungen sind meine einzigen Besitzungen, hier wohne ich seit meiner Kindheit, und ich darf sagen, armseligere besitzen wohl nur wenige.

Oft wollte ich schöne Alleen anlegen, und dann einen großen Park . . .

Nicht daß ich Parke liebte, aber . . . immerhin. Zu anderen Malen (eine Manie von mir, die nie zur Ruhe kommt und nach allen Fehlschlägen immer wieder ins Kraut schießt) sehe ich im Leben draußen oder in einem illustrierten Buch ein Tier, das mir gefällt, zum Beispiel einen weißen Silberreiher, und sage mir: So etwas würde sich gut ausnehmen auf meinen Besitzungen, und dann könnte sichs vermehren; und ich mache mir Notizen über Notizen und unterrichte mich über alles, was zum Leben des Tieres gehört. Meine Belegsammlung nimmt immer größeren Umfang an. Aber wenn ich versuche, es auf meine Besitzungen überzuführen, fehlen ihm immer ein paar lebenswichtige Organe. Ich lasse nicht locker. Ich habe schon ein Vorgefühl, daß ich auch diesmal nichts erreichen werde; und was die Vermehrung angeht, auf meinen Besitzungen vermehrt sich nichts, das weiß ich nur zu gut. Ich kümmere mich um das Futter für den Neuankömmling, sorge für Luftverbesserung, pflanze ihm zuliebe Bäume an, säe Grünwuchs, aber meine hassenswerten Besitzungen sind so beschaffen, daß ich nur die Augen wegzuwenden brauche oder man ruft mich einen Augenblick hinaus, und wenn ich zurückkomme, ist nichts mehr da, oder nur noch eine Art Aschenschicht, die genau besehen noch ein letztes verbranntes Mooshälmchen bloßlegen mag – genau besehen.

Et si je m'obstine, ce n'est pas bêtise.
C'est parce que je suis condamné à vivre dans mes propriétés et qu'il faut bien que j'en fasse quelque chose.
Je vais bientôt avoir trente ans, et je n'ai encore rien; naturellement je m'énerve.
J'arrive bien à former un objet, ou un être, ou un fragment. Par exemple une branche ou une dent, ou mille branches et mille dents. Mais où les mettre? Il y a des gens qui sans effort réussissent des massifs, des foules, des ensembles.
Moi, non. Mille dents oui, cent mille dents oui, et certains jours dans ma propriété j'ai là cent mille crayons, mais que faire dans un champ avec cent mille crayons? Ce n'est pas approprié, ou alors mettons cent mille dessinateurs.
Bien, mais tandis que je travaille à former un dessinateur (et quand j'en ai un, j'en ai cent mille), voilà mes cent mille crayons qui ont disparu.
Et si pour la dent, je prépare une mâchoire, un appareil de digestion et d'excrétion, sitôt l'enveloppe en état, quand j'en suis à mettre le pancréas et le foie (car je travaille toujours méthodiquement) voilà les dents parties, et bientôt la mâchoire aussi, et puis le foie, et quand je suis à l'anus, il n'y a plus que l'anus, ça me dégoûte, car s'il faut revenir par le côlon, l'intestin grêle et de nouveau la vésicule biliaire, et de nouveau et de nouveau tout, alors non. Non.
Devant et derrière ça s'éclipse aussitôt, ça ne peut pas attendre un instant.
Or, moi, je ne peux faire d'un seul coup de baguette des animaux entiers, moi je procède méthodiquement; autrement impossible.
C'est pour ça que mes propriétés sont toujours absolu-

Doch wenn ich hartnäckig bei der Arbeit bleibe, so ist es nicht aus Dummheit.
Sondern weil ich dazu verurteilt bin, auf meinen Besitzungen zu leben, und weil ich schließlich irgend etwas daraus machen muß. Bald bin ich dreißig, und noch habe ich nichts; natürlich werde ich nervös.
Ich bringe es wohl fertig, einen Gegenstand zu bilden oder ein Wesen oder ein Bruchstück. Zum Beispiel einen Zweig oder einen Zahn oder tausend Zweige und tausend Zähne. Doch wohin damit? Es gibt Leute, denen gelingen mühelos ganze Massive, Mengen, Gesamtgruppen.
Mir nicht. Tausend Zähne, ja. Hunderttausend Zähne, gewiß. Und an manchen Tagen habe ich auf meiner Besitzung hunderttausend Bleistifte. Aber was soll ich auf einem Feld mit hunderttausend Bleistiften anfangen? Die eignen sich zu nichts, oder wir setzen eben hunderttausend Zeichner dazu.
Gut, doch während ich noch daran arbeite, einen Zeichner zu bilden (und wenn ich erst einen habe, dann habe ich auch hunderttausend) – sind meine hunderttausend Bleistifte schon verschwunden.
Und wenn ich für den Zahn eine Kinnlade zurechtmache, einen Verdauungs- und Ausscheidungsapparat: sobald die Außenhülle fertig ist und ich darangehe, die Bauchspeicheldrüse und die Leber einzusetzen (denn ich arbeite immer methodisch) – da sind die Zähne weg, und gleich darauf auch die Kinnlade, und dann die Leber, und wenn ich beim After angelangt bin, gibt es nur noch den After, das verleidet mir alles, denn jetzt muß zurückgegangen werden über Dickdarm und Dünndarm und nochmals die Gallenblase und nochmals und nochmals. Dann lieber nicht. Nein.
Davor und dahinter verflüchtigt sich das alles sofort, es will nicht einen Augenblick warten.
Nun kann ich nicht mit einem einzigen Zauberschlag komplette Tiere machen, ich nicht, ich für meine Person verfahre methodisch; anders gehts nicht.
Und deshalb sind meine Besitzungen immer von allem, aber

ment dénuées de tout, à l'exception d'un être, ou d'une série d'êtres, ce qui ne fait d'ailleurs que renforcer la pauvreté générale, et mettre une réclame monstrueuse et insupportable à la désolation générale.
Alors je supprime tout et il n'y a plus que les marais, sans rien d'autre, des marais qui sont ma propriété et qui veulent me désespérer.
Et si je m'entête, je ne sais vraiment pas pourquoi.
*Mais parfois ça s'anime, de la vie grouille. C'est visible, c'est certain. J'avais toujours pressenti qu'il y avait quelque chose en lui, je me sens plein d'entrain. Mais voici que vient une femme du dehors; et me criblant de plaisirs innombrables, mais si rapprochés que ce n'est qu'un instant, et m'emportant en ce même instant, dans beaucoup, beaucoup de fois le tour du monde ... (Moi, de mon côté, je n'ai pas osé la prier de visiter mes propriétés dans l'état de pauvreté où elles sont, de quasi-inexistence.) Bien! d'autre part, promptement harassé donc de tant de voyages où je ne comprends rien, et qui ne furent qu'un parfum, je me sauve d'elle, maudissant les femmes une fois de plus, et complètement perdu sur la planète, je pleure après mes propriétés qui ne sont rien, mais qui représentent quand même du terrain familier, et ne me donnent pas cette impression d'*absurde *que je trouve partout.*
Je passe des semaines à la recherche de mon terrain, humilié, seul; on peut m'injurier comme on veut dans ces moments-là.
Je me soutiens grâce à cette conviction qu'il n'est pas possible que je ne trouve pas mon terrain et, en effet, un jour, un peu plus tôt, un peu plus tard: le voilà!
Quel bonheur de se retrouver sur son terrain! Ça vous a un air que n'a vraiment aucun autre. Il y a bien quelques

auch von allem entblößt, mit Ausnahme eines einzigen Wesens oder einer Reihe von Wesen – was aber den allgemeinen Eindruck der Armut lediglich verstärkt und der allgemeinen Verödung bloß einen ungeheuerlichen und unerträglichen reklamehaften Ausdruck gibt.

Dann schaffe ich alles ab, und es ist nichts mehr da als die Sümpfe, nichts anderes, nur Sümpfe, die mein Besitztum sind und mich zur Verzweiflung treiben wollen.

Und wenn ich darauf versessen bleibe, so weiß ich eigentlich nicht weshalb.

Aber manchmal wirds lebendig, krabbelts vor Leben. Kein Zweifel, man siehts. Immer schon habe ich gespürt, daß da etwas drin sein mußte, und ich fühle mich voller Schwung und Eifer. Doch da kommt von draußen eine Frau. Sie spickt mich mit unzähligen Wonnen, so dicht beieinander, daß alle zusammen nur ein einziger Augenblick sind, und in diesem gleichen Augenblick wirbelt sie mich viele, viele Male um die Welt ... (Ich meinerseits habe nicht gewagt, sie zu bitten, mich auf meinen Besitzungen zu besuchen, in dem Zustand der Armut, des Beinahe-Nichtvorhandenseins, in dem sie sich befinden.) Schön. Andrerseits bin ich auch schon abgehetzt nach so vielen Reisen, auf denen ich nichts begreife und die nur ein Duft waren und sonst nichts. Ich mache mich also von ihr los, verfluche wieder einmal die Frauen, und völlig verirrt und verloren auf dem Planeten, wie ich jetzt bin, weine ich meinen Besitzungen nach, die zwar nichts sind, aber dennoch vertrautes Gelände darstellen und mir nicht diesen Eindruck des *Absurden* vermitteln, dem ich überall begegne.

Wochen verbringe ich auf der Suche nach meinem Gelände, gedemütigt, allein. In solchen Momenten kann man mich beleidigen und beschimpfen wie man will.

Ich halte mich nur dank der Überzeugung aufrecht, daß ich mein Gelände unmöglich *nicht* finden kann, und tatsächlich, eines Tages, früher oder später – da ist es!

Welches Glück, wieder einmal auf seinem eignen Gelände zu stehn! So was gibts nur einmal. Ein paar Veränderungen,

changements, il me semble qu'il est un peu plus incliné, ou plus humide, mais le grain de la terre, c'est le même grain.
Il se peut qu'il n'y ait jamais d'abondantes récoltes. Mais, ce grain, que voulez-vous, il me parle. Si pourtant j'approche, il se confond dans la masse – masse de petits halos.
N'importe, c'est nettement mon terrain. *Je ne peux pas expliquer ça, mais le confondre avec un autre, ce serait comme si je me confondais avec un autre, ce n'est pas possible.*
Il y a mon terrain et moi; puis il y a l'étranger.
Il y a des gens qui ont des propriétés magnifiques et je les envie. Ils voient quelque chose ailleurs qui leur plaît. Bien, disent-ils, ce sera pour ma propriété. Sitôt dit, sitôt fait, voilà la chose dans leur propriété. Comment s'effectue le passage? Je ne sais. Depuis leur tout jeune âge, exercés à amasser, à acquérir, ils ne peuvent voir un objet sans le planter immédiatement chez eux, et cela se fait machinalement.
On ne peut même pas dire cupidité, on dira réflexe.
Plusieurs même s'en doutent à peine. Ils ont des propriétés magnifiques qu'ils entretiennent par l'exercice constant de leur intelligence et de leurs capacités extraordinaires, et ils ne s'en doutent pas. Mais si vous avez besoin d'une plante, si peu commune soit-elle, ou d'un vieux carrosse comme en usait Joan v de Portugal, ils s'absentent un instant et vous rapportent aussitôt ce que vous avez demandé.
Ceux qui sont habiles en psychologie, j'entends, pas la livresque, auront peut-être remarqué que j'ai menti. J'ai dit que mes propriétés étaient du terrain, or cela n'a pas toujours été. Cela est au contraire fort récent, quoique cela me paraisse tellement ancien, et gros de plusieur vies même.
J'essaie de me rappeler exactement ce qu'elles étaient autrefois.

gewiß, mir kommt vor, als wäre es ein wenig abschüssiger oder auch feuchter, aber das Körnchen Erde ist das alte.
Mag sein, daß es hier niemals überreiche Ernten gibt. Aber dieses Körnchen, nun ja, es spricht zu mir. Wenn ich jedoch näher komme, geht es in der Masse auf – in einer Masse kleiner Lichtkringel.
Gleichviel, es ist einfach *mein Gelände.* Ich kann das nicht erklären, aber es mit einem andern verwechseln, wäre, als verwechselte ich mich selbst mit einem andern; was nicht sein kann.
Es gibt mein Gelände und mich; sonst gibt es nur noch die Fremde.
Es gibt Leute, die prachtvolle Besitzungen haben, und ich beneide sie darum. Sie sehen woanders irgendein Ding, das ihnen gefällt. Gut, sagen sie, das gehört auf meine Besitzung. Gesagt, getan, schon ists drüben bei ihnen. Wie sich der Übergang vollzieht? Ich weiß es nicht. Von Jugend auf sind sie im Anhäufen und Erwerben geübt, und so können sie es nicht lassen, alles, was sie sehen, mit nach Hause zu nehmen. Das geschieht ganz mechanisch.
Man kann nicht einmal von Habsucht sprechen, man muß es Reflex nennen.
Manche ahnen es sogar kaum. Sie haben prachtvolle Besitzungen, die sie durch die beständige Betätigung ihrer Intelligenz und ihrer außerordentlichen Fähigkeiten in Stand halten, und spüren es gar nicht. Wenn aber eine bestimmte Pflanze gesucht wird, und sei sie noch so selten, oder eine alte Kutsche, wie Joan der Fünfte von Portugal sie benutzte, dann entfernen sie sich für einen Augenblick und schaffen das Verlangte unverzüglich herbei.
Wer in der Psychologie bewandert ist, ich meine nicht in der, die in den Büchern steht, der hat vielleicht gemerkt, daß ich gelogen habe. Ich habe gesagt, meine Besitzungen seien ein Gelände. Nun, das ist nicht immer so gewesen. Es ist im Gegenteil jüngsten Datums, obgleich es mir schon so alt erscheint, aus mehreren Leben gebildet.
Ich versuche mich genauer zu erinnern, was sie früher waren.

Elles étaient tourbillonnaires; semblables à de vastes poches, à des bourses légèrement lumineuses, et la substance en était impalpable quoique fort dense.
J'ai parfois rendez-vous avec une ancienne amie. Le ton de l'entretien devient vite pénible. Alors je pars brusquement pour ma propriété. Elle a la forme d'une crosse. Elle est grande et lumineuse. Il y a du jour dans ce lumineux et un acier fou qui tremble comme une eau. Et là je suis bien; cela dure quelques moments, puis je reviens par politesse près de la jeune femme, et je souris. Mais ce sourire a une vertu telle ... (sans doute parce qu'il l'excommunie), elle s'en va en claquant la porte.
Voilà comment les choses se passent entre mon amie et moi. C'est régulier.
On ferait mieux de se séparer pour tout de bon. Si j'avais de grandes et riches propriétés évidemment je la quitterais. Mais dans l'état actuel des choses, il vaut mieux que j'attende encore un peu.
Revenons au terrain. Je parlais de désespoir. Non, ça autorise au contraire tout les espoirs, un terrain. Sur un terrain on peut bâtir, et je bâtirai. Maintenant j'en suis sûr. Je suis sauvé. J'ai une base.
Auparavant, tout étant dans l'espace, sans plafond, ni sol, naturellement, si j'y mettais un être, je ne le revoyais plus jamais. Il disparaissait. Il disparaissait pur chute, *voilà ce que je n'avais pas compris, et moi qui m'imaginais l'avoir mal construit! Je revenais quelques heures après l'y avoir mis, et m'étonnais chaque fois de sa disparition. Maintenant, ça ne m'arrivera plus. Mon terrain, il est vrai, est encore marécageux. Mais je l'assécherai petit à petit et quand il sera bien dur, j'y établirai une famille de travailleurs.*
Il fera bon marcher sur mon terrain. On verra tout ce que

Sie waren wirbelförmig; in tiefe Falten gelegt, weiten, leicht schimmernden Beuteln ähnlich, und der Stoff, aus dem sie waren, ließ sich nicht greifen, bei all seiner Dichte.

Manchmal treffe ich mich mit einer alten Freundin. Das Gespräch nimmt rasch einen peinlichen Ton an. Dann reise ich plötzlich auf mein Besitztum zurück. Es hat die Form eines Krummstabs. Es ist groß und schimmernd. Helle Durchblicke sind in diesem Schimmer, und ein toller Stahlglanz ist darin, der zittert wie ein Wasser. Dort ist mir wohl. Das dauert ein paar Augenblicke, dann kehre ich aus Höflichkeit zu der jungen Frau zurück, und ich lächle. Aber dieses Lächeln hat eine derartige Wirkung ... (ohne Zweifel, weil es sie aus der Gemeinschaft ausschließt), daß sie türenschlagend weggeht.

So also spielen sich die Dinge ab zwischen meiner Freundin und mir. Das ist die Regel.

Besser, wenn man endgültig auseinanderginge. Ich würde sie natürlich verlassen, wenn ich große und reiche Besitzungen hätte. Aber wie die Dinge jetzt liegen, ist es besser, ich warte noch ein wenig.

Kommen wir wieder auf das Gelände zurück. Ich sprach von Hoffnungslosigkeit. Nein, so ein Gelände berechtigt im Gegenteil zu allen Hoffnungen. Auf einem Gelände kann man bauen, und ich werde bauen. Jetzt bin ich dessen gewiß. Ich bin gerettet. Ich habe eine Basis.

Früher, als alles frei im Raume schwebte, ohne Decke und Fußboden, gewiß, wenn ich da ein Wesen hineinsetzte, sah ich es nie mehr wieder. Es verschwand. *Es verschwand, indem es fiel,* und gerade das hatte ich nicht begriffen, darum bildete ich mir ein, ich hätte es mangelhaft konstruiert! Einige Stunden, nachdem ich es ausgesetzt hatte, kam ich wieder, und jedesmal wunderte ich mich über sein Verschwinden. Jetzt wird mir das nicht mehr passieren. Freilich, mein Gelände ist noch sumpfig. Aber ich werde es trockenlegen, nach und nach, und wenn es schön hart ist, siedle ich eine Arbeiterfamilie darauf an.

Gut wird es sich gehen auf meinem Gelände. Man wird schon

j'y ferai. Ma famille est immense. Vous en verrez de tous les types là-dedans, je ne l'ai pas encore montrée. Mais vous la verrez. Et ses évolutions étonneront le monde. Car elle évoluera avec cette avidité et cet emportement des gens qui ont vécu trop longtemps à leur gré d'une vie purement spatiale et qui se réveillent, transportés de joie, pour mettre des souliers.
Et puis dans l'espace, tout être devenait trop vulnérable. Ça faisait tache, ça ne meublait pas. Et tous les passants tapaient dessus comme sur une cible.
Tandis que du terrain encore une fois . . .
Ah! ça va révolutionner ma vie.
Mère m'a toujours prédit la plus grande pauvreté et nullité. Bien. Jusqu'au terrain elle a raison; après le terrain on verra.
J'ai été la honte de mes parents, mais on verra, et puis je vais être heureux. Il y aura toujours nombreuse compagnie. Vous savez, j'étais bien seul, parfois.
Puis, tout au bout, laissant pendre mes jambes, je regardai la mer, sous moi, qui respirait profondément.
Un murmure vint de droite. C'était un homme assis comme moi les jambes ballantes et qui regardait la mer. »À présent«, dit-il, »que je suis vieux, je vais en retirer tout ce que j'y ai mis depuis des années.« Il se mit à tirer en se servant de poulies.
Et il sortit des richesses en abondance. Il en tirait des capitaines d'autres âges en grand uniforme, des caisses cloutées de toutes sortes de choses précieuses et des femmes habillées, richement mais comme elles ne s'habillent plus. Et chaque être ou chose qu'il amenait à la surface, il le regardait attentivement avec grand espoir, puis sans mot dire, tandis que son regard s'éteignait, il poussait ça derrière lui. Nous remplîmes ainsi toute l'estacade. Ce qu'il y avait, je ne m'en souviens pas au juste, car

noch sehen, was ich da alles mache. Meine Familie ist unermeßlich groß, sämtliche Typen bekommt ihr da zu sehen. Bisher habe ich sie noch niemandem gezeigt. Aber ihr bekommt sie zu sehen. Und ihr Tun und Treiben wird die Welt in Erstaunen setzen. Denn sie wird sich mit einer Gier und einer Erregung bewegen, wie Leute sie haben, die allzulange ungestört ein reines Raumleben gelebt haben und nun aufwachen, außer sich vor Freude, um Stiefel anzuziehen.
Und dann, im leeren Raum, da war jedes Wesen allzu verletzbar. Das gab immer einen auffallenden Fleck, das hatte kein Volumen. Und alle Passanten gingen drauflos wie auf eine Zielscheibe.
Gelände indessen, um es nochmals zu sagen . . .
Oh, das wird mein Leben umwälzen.
Mutter hat mir immer die größte Armut und Nichtigkeit vorausgesagt. Gut. Bis zum Gelände hat sie recht behalten. Nach dem Gelände wird sichs zeigen.
Ich bin die Schande meiner Eltern gewesen, aber man wird schon noch sehen, und dann – ich werde glücklich sein und immer viele Leute um mich haben, viel Gesellschaft. Wißt ihr, manchmal war ich sehr allein.
Dann ließ ich am äußersten Ende meine Beine hängen und betrachtete das Meer unter mir, das tief atmete.
Von rechts kam ein Murmeln. Es war ein Mann, der wie ich mit baumelnden Beinen dasaß und aufs Meer blickte. »Jetzt, wo ich alt bin«, sagte er, »ziehe ich alles wieder heraus, was ich seit Jahren hineingetan habe.« Er fing an zu ziehen und benutzte dazu eine Zugwinde.
Er brachte Reichtümer im Überfluß zutage. Er zog Kapitäne früherer Zeitalter in Paradeuniform heraus, vernagelte Kisten mit allerlei Kostbarkeiten, und reich, aber nicht wie heute gekleidete Frauen. Und jedes Wesen, jedes Ding, das er an die Oberfläche brachte, betrachtete er aufmerksam und erwartungsvoll, dann, ohne ein Wort zu sagen, während sein Blick erlosch, schob er's hinter sich. So füllten wir das ganze Pfahlwerk aus. Was alles dabei war, daran kann ich mich nicht

je n'ai pas de mémoire, mais visiblement ce n'était pas satisfaisant, quelque chose en tout était perdu, qu'il espérait retrouver et qui s'était fané.
Alors il se mit à rejeter tout à la mer.
Un long ruban qui tomba et qui, vous mouillant, vous glaçait.
Un dernier débris qu'il poussait l'entraîna lui-même.
Quant à moi, grelottant de fièvre, comment je pus regagner mon lit, je me le demande.

CRIER

Le panari est une souffrance atroce. Mais ce qui me faisait souffrir le plus, c'était que je ne pouvais crier. Car j'étais à l'hôtel. La nuit venait de tomber et ma chambre était prise entre deux autres où l'on dormait.
Alors, je me mis à sortir de mon crâne des grosses caisses, des cuivres, et un instrument qui résonnait plus que des orgues. Et profitant de la force prodigieuse que me donnait la fièvre, j'en fis un orchestre assourdissant. Tout tremblait de vibrations.
Alors, enfin assuré que dans ce tumulte ma voix ne serait pas entendue, je me mis à hurler, à hurler pendant des heures, et parvins à me soulager petit à petit.

MAGIE

Plusieurs veulent obtenir des créations mentales en utilisant la méthode fakirique. C'est une erreur.
Chacun doit avoir sa méthode. Quand je veux faire apparaître une grenouille vivante (une grenouille morte, ça c'est facile) je ne me force pas. Même, je me mets mentale-

genau erinnern, denn ich habe kein Gedächtnis, aber offensichtlich war es nicht zufriedenstellend, an allem war irgend etwas verlorengegangen, was er wiederzufinden hoffte und was dahingewelkt war.
Darauf begann er, alles ins Meer zurückzuwerfen.
Das Fallende – ein einziges langes Band von eisiger Nässe.
Ein letztes Scherbenstück, das er hinabstieß, zog ihn selbst mit in die Tiefe. Ich aber, ich frage mich, wie ich, vom Fieber geschüttelt, zu meinem Bett zurückgelangen konnte.

SCHREIEN

Das Panaritium ist ein grauenhafter Schmerz. Aber was mein Leiden auf die Spitze trieb, war, daß ich nicht schreien konnte. Denn ich wohnte im Hotel. Die Nacht war hereingebrochen, und mein Zimmer befand sich zwischen zwei andern, in denen man schlief.
Da fing ich an, aus meinem Schädel Pauken und Posaunen hervorzuholen, und noch ein Instrument, das stärker dröhnte als eine Orgel. Ich machte mir die wunderbare Kraft zunutze, die mir das Fieber verlieh, und schuf daraus ein ohrenbetäubendes Orchester. Alles zitterte von Tonschwingungen.
Dann, als ich endlich sicher war, daß in diesem Getöse meine Stimme nicht gehört werden würde, fing ich an zu brüllen, stundenlang zu brüllen, und so konnte ich mir allmählich Erleichterung verschaffen.

MAGIE

Manche wollen geistige Schöpfungen zuwege bringen, indem sie sich der Fakirmethode bedienen. Das ist ein Irrtum.
Jeder muß seine eigene Methode haben. Wenn ich einen lebenden Frosch erscheinen lassen will (einen toten Frosch, das ist leicht), dann tue ich mir keine Gewalt an. Ja, ich gehe bloß

ment à peindre un tableau. J'esquisse les rives d'un ruisseau en choisissant bien mes verts, puis j'attends *le ruisseau. Après quelque temps, je plonge une baguette au delà de la rive; si elle se mouille, je suis tranquille, il n'y a plus qu'à patienter un peu, bientôt apparaîtront les grenouilles sautant et plongeant.*
Si la baguette ne se mouille pas, il faut y renoncer.
Alors, je fais la nuit, une nuit bien chaude et, avec une lanterne, je circule dans la campagne, il est rare qu'elles tardent à coasser.
Cela ne vient rien faire ici. Mais il faut que je le dise, c'est là devant moi, cela vient: Je vais être aveugle.

INTERVENTION

Autrefois, j'avais trop le respect de la nature. Je me mettais devant les choses et les paysages et je les laissais faire.
Fini, maintenant j'interviendrai.
J'étais donc à Honfleur et je m'y ennuyais. Alors résolument j'y mis du chameau. Cela ne paraît pas fort indiqué. N'importe, c'était mon idée. D'ailleurs je la mis à exécution avec la plus grande prudence. Je les introduisis d'abord les jours de grande affluence, le samedi sur la place du Marché. L'encombrement devint indescriptible et les touristes disaient: »Ah! ce que ça pue! Sont-ils sales les gens d'ici!« L'odeur ganga le port et se mit à terrasser celle de la crevette. On sortait de la foule plein de poussières et de poils d'on ne savait quoi.
Et la nuit il fallait entendre les coups de pattes des chameaux quand ils essayaient de franchir les écluses, gong! gong! sur le métal et les madriers!
L'envahissement par les chameaux se fit avec suite et sûreté.
On commençait à voir les Honfleurais loucher à chaque

daran, im Geiste ein Bild zu malen. Ich skizziere die Ufer eines Baches, wähle dabei sorgfältig meine Grüns, und dann *warte ich* auf den Bach. Nach einiger Zeit halte ich ein Stöckchen übers Ufer hinunter; wenn es naß wird, bin ich beruhigt, ich brauche mich nur noch ein wenig zu gedulden, bald werden die Frösche erscheinen, springend und tauchend.

Wenn das Stöckchen nicht naß wird, muß man es aufgeben.

Dann mache ich die Nacht, eine sehr warme Nacht, und wenn ich mit einer Laterne das Land durchstreife, dauert es selten lange, bis sie anfangen zu quaken. –

Es gehört nicht hierher, aber ich muß es aussprechen, es steht mir bevor, es rückt näher: *Ich werde blind.*

EINMISCHUNG

Früher hatte ich zuviel Respekt vor der Natur. Ich setzte mich vor die Dinge und Landschaften und überließ ihnen das Weitere.

Schluß damit, jetzt will ich *eingreifen.*

Ich war also in Honfleur und langweilte mich. Kurz entschlossen tat ich Kamele hinein. Das erscheint nicht sehr angebracht. Gleichviel, es war mein Einfall. Übrigens ging ich mit der größten Umsicht zu Werk. Zuerst ließ ich sie an den Hauptverkehrstagen in Erscheinung treten, samstags, auf dem Marktplatz. Es entstand ein unbeschreibliches Gedränge, und die Touristen sagten: »O wie das stinkt! Wie schmutzig die Leute hier sind!« Der Geruch drang bis zum Hafen und unterdrückte bald den der Krabben. Man trat aus der Menge heraus, war voller Staub und Haare und wußte nicht wovon.

Und nachts mußte man die Hufschläge der Kamele hören, wenn sie über die Schleusen wollten, gong! gong! über Metall und Bohlen.

Der Einbruch der Kamele griff sicher und folgerecht um sich.

Man konnte allmählich bemerken, wie die Bürger von Hon-

instant avec ce regard soupçonneux si spécial aux chameliers, quand ils inspectent leur caravane pour voir si rien ne manque et si on peut continuer à faire route; mais je dus quitter Honfleur le quatrième jour.
J'avais lancé également un train de voyageurs. Il partait à toute allure de la Grand'Place, et résolument s'avançait sur la mer sans s'inquiéter de la lourdeur du matériel; il filait en avant, sauvé par la foi.
Dommage que j'aie dû m'en aller, mais je doute fort que le calme renaisse tout de suite en cette petite ville de pêcheurs de crevettes et de moules.

fleur jeden Augenblick beiseite schielten, mit jenem so charakteristischen, argwöhnischen Späherblick der Kameltreiber, wenn sie nach ihrer Karawane sehen und sich vergewissern, ob nichts fehlt und die Reise weitergehen kann. Aber am vierten Tag mußte ich Honfleur verlassen.

Desgleichen hatte ich einen Zug mit Reisenden ausgeschickt. Mit voller Geschwindigkeit fuhr er von der Grand'Place los und rollte entschlossen über das Meer, ohne sich um das Gewicht des Materials zu kümmern; er sauste dahin, gerettet durch den Glauben.

Schade, daß ich fort mußte, aber ich bezweifle stark, daß diese kleine Stadt von Krabbenfängern und Muschelfischern gleich wieder zur Ruhe gekommen ist.

Deutsch von Paul Celan

GEDICHTE

Poèmes (1929)

AMOURS

Toi que je ne sais où atteindre et qui ne liras pas ce livre,
Qui as fait toujours leur procès aux écrivains,
Petites gens, mesquins, manquant de vérité, vaniteux,
Toi pour qui Henri Michaux est devenu un nom propre peut-être semblable en tout point à ceux-là qu'on voit dans les faits divers accompagnés de la mention d'âge et de profession,
Qui vis dans d'autres compagnies, d'autres plaines, d'autres souffles,
Pour qui cependant je m'étais brouillé avec toute une ville, capitale d'un pays nombreux.
Et qui ne m'as pas laissé un cheveu en t'en allant, mais la seule recommandation de bien brûler tes lettres, n'es-tu pas pareillement à cette heure entre quatre murs et songeant?
Dis-moi, es-tu encore aussi amusée à prendre les jeunes gens timides à ton doux regard d'hôpital.

Moi, j'ai toujours mon regard fixe et fou,
Cherchant je ne sais quoi de personnel,
Je ne sais quoi à m'adjoindre dans cette infinie matière invisible et compacte,
Qui fait l'intervalle entre les corps de la matière appelée telle.
Cependant je me suis abandonné à un nouveau »nous«.
Elle a comme toi des yeux de lampe très douce, plus grands, une voix plus dense, plus basse et un sort assez pareil au tien dans son début et son cheminement.
Elle a ... elle avait, dis-je!
Demain ne l'aurai plus, mon amie Banjo;

AMOUREN

Du, die ich nirgendwo zu erreichen weiß und die du dieses Buch hier nicht lesen wirst,
die du stets ins Gericht gegangen bist mit den Schriftstellern,
den kleinen, kleinlichen, unwahren, eitlen Gesellen,
du, der Henri Michaux zu einem Eigennamen geworden ist, in allem vielleicht wie die, die man in den Vermischten Notizen liest, mit Alters- und Berufsangabe daneben,
du, die du in andrer Gesellschaft lebst, auf andern Flächen und Feldern, anders umhaucht und umweht,
derenthalben ich mich jedoch überworfen hatte mit einer ganzen Stadt, der Hauptstadt eines dichtbesiedelten Landes.
Und die du mir auch nicht ein einziges Haar zurückgelassen hast beim Weggehen, sondern bloß die Empfehlung, deine Briefe auch ja zu verbrennen –: bist nicht auch du jetzt zwischen vier Wänden und ganz in Gedanken?
Sag, machts dir noch immer soviel Spaß, dir die schüchternen jungen Männer zu angeln mit deinem samtenen Krankenhausblick?

Ich, ich habe noch immer denselben starren, verrückten Blick,
der irgend etwas Persönliches sucht,
irgendwas mir inmitten dieser unendlichen unsichtbar-kompakten Materie Hinzuzufügendes,
das den Zwischenraum bildet zwischen den Körpern der als solcher bezeichneten Materie.
Unterdessen habe ich mich aber einem neuen »Wir« überantwortet.
Sie hat Lampenlicht-Augen wie du, sehr sanft, nur größer als die deinen; eine dichtere, tiefere Stimme; und ein Schicksal, so ziemlich dem deinen ähnlich in seinem Beginn und seinem Verlauf.
Sie hat . . . Sie hat-te!
Hab sie morgen nicht mehr, meine Freundin Banjo;

Banjo,
Banjo,
Bibolabange la bange aussi,
Bilabonne plus douce encore,
Banjo,
Banjo,
Banjo restée toute seule, banjelette,
Ma Banjeby,
Si aimante, Banjo, si douce,
Ai perdu ta gorge menue,
Menue,
Et ton ineffable proximité.
Elles ont menti toutes mes lettres, Banjo ... et maintenant je m'en vais.
J'ai un billet à la main: 17.084.
Compagnie Royale Néerlandaise.
Il n'y a qu'à suivre ce billet et l'on va en Équateur.
Et demain, billet et moi, nous nous en allons,
Nous partons pour cette ville de Quito, au nom de couteau.
Je suis tout replié quand je songe à cela;
Et pourtant on me dira:
»Eh bien, quelle parte avec vous.«
Mais oui, on ne vous demandait qu'un petit miracle, vous, là-haut, tas de fainéants, dieux, archanges, élus, fées, philosophes, et les copains de génie
que j'ai tant aimés, Ruysbroek et toi Lautréamont,
qui ne te prenais pas pour trois fois zéro; un tout petit miracle qu'on vous demandait, pour Banjo et pour moi.

Banjo,
Banjo,
Bibolabange du so bang,
Bilabonne du so süß,
Banjo,
Banjo,
Banjo so allein-allein, Banjelein,
Banjeby,
so lauter Liebe, Lie-,
hab deine kleinen Brüste verloren,
-loren,
und deine unsägliche Nähe.
Sie haben alle gelogen, meine Briefe, Banjo . . . und jetzt, jetzt geh ich.
Hab eine Fahrkarte in der Hand: 17.084.
Königlich-Niederländische Schiffahrtsgesellschaft.
Man braucht nur der Fahrkarte zu folgen und kommt nach Ecuador.
Fahrkarte und ich, morgen machen wir zwei uns auf den Weg,
den Weg nach Quito – der Stadt mit dem Reim auf »couteau«.
Mir wird ganz eng, sobald ich daran denk.
Und doch wird man mir sagen:
»Schön, dann soll sie eben mitfahren mit Ihnen.«
Ja gewiß doch, wir wollten ja nur ein kleines Wunder von euch da droben: ihr Haufen Müßiggänger, Götter, Erzengel, Erwählte, Feen, Philosophen, und ihr, meine genialen Kumpane, die ich so geliebt habe:
du, Ruysbroek, und du, Lautréamont,
der du dich nicht für dreimal Null hieltst; ein ganz kleines Wunder, ja das wars, was wir von euch haben wollten, für Banjo und für mich.

JE SUIS GONG

Dans le chant de ma colère il y a un œuf,
Et dans cet œuf il y a ma mère, mon père et mes enfants,
Et dans ce tout il y a joie et tristesse mêlées et vie.
Grosses tempêtes qui m'avez secouru,
Beau soleil qui m'as contrecarré,
Il y a haine en moi, forte et de date ancienne,
Et pour la beauté on verra plus tard.
Je ne suis en effet devenu dur que par lamelles;
Si l'on savait comme je suis resté moelleux au fond.
Je suis gong et ouate et chant neigeux.
Je le dis et j'en suis sûr.

GONG BIN ICH

Im Gesang meines Zorns, da ist ein Ei,
und in dem Ei, da sind meine Mutter, mein Vater und meine Kinder,
und in diesem Ganzen, da sind Freude und Traurigkeit, gemischt, und Leben.
Große Stürme, die ihr mir beigesprungen seid,
schöne Sonne, die du mir entgegengewirkt hast,
es ist Haß in mir, starker, langjähriger Haß,
und was die Schönheit angeht, so werden wir schon sehen.
In der Tat, nur lamellenweise bin ich hart geworden;
wenn man erst wüßte, wie weich ich geblieben bin im Grunde.
Gong bin ich und Watte und Schneegesang,
ich sags und weiß, was ich sage.

Deutsch von Kurt Leonhard

EIN GEWISSER PLUME

Un Certain Plume (1930)

Étendant les mains hors du lit, Plume fut étonné de ne pas rencontrer le mur. »Tiens«, pensa-t-il, »les fourmis l'auront mangé ...« et il se rendormit.
Peu après sa femme l'attrapa et le secoua: »Regarde«, dit-elle, »fainéant! pendant que tu étais occupé à dormir on nous a volé notre maison.« En effet, un ciel intact s'étendait de tous côtés. »Bah, la chose est faite«, pensa-t-il.
Peu après un bruit se fit entendre. C'était un train qui arrivait sur eux à toute allure. »De l'air pressé qu'il a«, pensa-t-il, »il arrivera sûrement avant nous« et il se rendormit.
Ensuite le froid le réveilla. Il était tout trempé de sang. Quelques morceaux de sa femme gisaient près de lui. »Avec le sang«, pensa-t-il, »surgissent toujours quantité de désagréments; si ce train pouvait n'être pas passé, j'en serais fort heureux. Mais puisqu'il est déjà passé ...« et il se rendormit.
»Voyons«, disait le juge, »comment expliquez-vous que votre femme se soit blessée au point qu'on l'ait trouvée partagée en huit morceaux, sans que vous, qui étiez à côté, ayez pu faire un geste pour l'en empêcher, sans même vous en être aperçu. Voilà le mystère. Toute l'affaire est là-dedans.«
»Sur ce chemin, je ne peux pas l'aider«, pensa Plume, et il se rendormit.
»L'exécution aura lieu demain. Accusé, avez-vous quelque chose à ajouter?«
»Excusez-moi«, dit-il, »je n'ai pas suivi l'affaire.« Et il se rendormit.

EIN FRIEDLICHER MENSCH

Plume streckte die Hände aus dem Bett und wunderte sich, daß er nicht an die Wand anstieß. Sieh mal an, dachte er, die Ameisen werden sie aufgefressen haben ... Und schlief wieder ein.

Bald darauf faßte ihn seine Frau und schüttelte ihn: »Mach die Augen auf, du Faulpelz! Hast nichts getan wie schlafen, und inzwischen ist uns unser Haus gestohlen worden.« Tatsächlich breitete sich nach allen Seiten hin ein intakter Himmel aus. Bah, geschehn ist geschehn, dachte er.

Bald darauf war ein Geräusch zu hören. Es war ein Zug, der mit voller Geschwindigkeit auf sie zugefahren kam. Bei der Eile, die er zu haben scheint, dachte er, wird er gewiß vor uns ankommen. Und schlief wieder ein.

Dann weckte ihn die Kälte. Er war von Blut durchnäßt. Ein paar Teile seiner Frau lagen neben ihm herum. Wo es Blut gibt, da tauchen immer eine Menge Unannehmlichkeiten auf. Wenn dieser Zug nicht hier hätte vorbeikommen müssen, wäre ich sehr glücklich. Aber da er nun einmal vorbeigekommen ist ... Und schlief wieder ein.

»Hören Sie«, sagte der Richter, »wie wollen Sie erklären, daß Ihre Frau sich so schwer verletzt hat, daß man sie in acht Teile zerstückelt auffand, und daß Sie, der Sie danebenlagen, nicht eine Bewegung gemacht haben, um es zu verhindern, ja daß Sie sogar nicht das geringste davon gemerkt haben. Das ist das Rätselhafte. Da drin steckt die ganze Geschichte.«

Auf diesem Wege kann ich ihm nicht weiterhelfen, dachte Plume. Und schlief wieder ein.

»Die Hinrichtung wird morgen stattfinden. Angeklagter, haben Sie noch etwas hinzuzufügen?«

»Entschuldigen Sie«, sagte er, »aber ich habe die Affäre nicht verfolgt.« Und schlief wieder ein.

PLUME AU RESTAURANT

Plume déjeunait au restaurant, quand le maître d'hôtel s'approcha, le regarda sévèrement et lui dit d'une voix basse et mystérieuse: »Ce que vous avez là dans votre assiette ne figure pas sur la carte.«
Plume s'excusa aussitôt.
»Voilà«, dit-il, »étant pressé, je n'ai pas pris la peine de consulter la carte. J'ai demandé à tout hasard une côtelette, pensant que peut-être il y en avait, ou que sinon on en trouverait aisément dans le voisinage, mais prêt à demander tout autre chose si les côtelettes faisaient défaut. Le garçon sans se montrer particulièrement étonné s'éloigna et me l'apporta peu après et voilà ...
Naturellement je la paierai le prix qu'il faudra. C'est un beau morceau, je ne le nie pas. Je le paierai son prix sans hésiter. Si j'avais su, j'aurais volontiers choisi une autre viande ou simplement un œuf, de toute façon maintenant je n'ai plus très faim. Je vais vous régler immédiatement.«
Cependant le maître d'hôtel ne bouge pas. Plume se trouve atrocement gêné. Après quelque temps relevant les yeux ... hum! c'est maintenant le chef de l'établissement qui se trouve devant lui.
Plume s'excusa aussitôt.
»J'ignorais«, dit-il, »que les côtelettes ne figuraient pas sur la carte. Je ne l'ai pas regardée, parce que j'ai la vue fort basse, et que je n'avais pas mon pince-nez sur moi, et puis, lire me fait toujours un mal atroce. J'ai demandé la première chose qui m'est venue à l'esprit et plutôt pour amorcer d'autres propositions que par goût personnel. Le garçon sans doute préoccupé n'a pas cherché plus loin, il m'a apporté ça, et moi-même d'ailleurs tout à fait distrait je me suis mis à manger, enfin ... je vais vous payer à vous-même puisque vous êtes là.«
Cependant le chef de l'établissement ne bouge pas. Plume

PLUME IM RESTAURANT

Plume speiste im Restaurant, als der Oberkellner herantrat, ihn streng anblickte und mit leiser, geheimnisvoller Stimme zu ihm sagte: »Was Sie da auf Ihrem Teller haben, steht nicht auf der Karte.«
Plume entschuldigte sich sogleich.
»Sehen Sie«, sagt er, »ich hatte es eilig und habe mir nicht die Mühe gemacht, die Karte zu studieren. Ich habe auf gut Glück ein Kotelett bestellt, ich dachte, vielleicht gibt es das, und wenn nicht, könnte man es wohl leicht in der Nähe auftreiben, aber ich war durchaus bereit, auch etwas ganz anderes zu bestellen, wenn Kotelett nicht zu haben wäre. Der Kellner machte keine sonderlich erstaunte Miene dazu, kurz darauf brachte er es mir, und da ist es nun ...
Natürlich werde ich bezahlen, was es kostet. Es ist ein schönes Stück, das will ich nicht abstreiten. Ich werde ohne weiteres den entsprechenden Preis zahlen. Wenn ich es gewußt hätte, dann hätte ich gern eine andere Art Fleisch gewählt oder einfach ein Ei. Auf jeden Fall habe ich jetzt keinen großen Hunger mehr. Ich werde unverzüglich zahlen.«
Aber der Oberkellner rührt sich nicht. Plume fühlt sich schrecklich verlegen. Als er nach einiger Zeit die Augen hebt ... hm! ist es jetzt der Betriebsleiter, der vor ihm steht.
Plume entschuldigt sich sogleich.
»Ich wußte nicht«, sagte er, »daß Kotelett nicht auf der Karte steht. Ich habe sie nicht angesehen, weil ich sehr kurzsichtig bin und weil ich meinen Kneifer nicht bei mir hatte, und dann ist das Lesen für mich sowieso eine Qual. Ich habe das erste bestellt, was mir in den Sinn kam, mehr um andere Vorschläge anzuregen als aus persönlichem Geschmack. Der Kellner war zweifellos in Gedanken verloren und hat nicht weiter gefragt, er hat mir dies hier gebracht, ich selbst war übrigens völlig zerstreut und habe angefangen zu essen. Schließlich ... ich zahle gleich Ihnen selbst, da Sie nun einmal hier sind.«
Jedoch der Betriebsleiter rührt sich nicht, Plume fühlt sich im-

se sent de plus en plus gêné. Comme il lui tend un billet, il voit tout à coup la manche d'un uniforme; c'était un agent de police qui était devant lui.
Plume s'excusa aussitôt.
– Voilà, il était entré là pour se reposer un peu. Tout à coup, on lui crie à brûle-pourpoint: »Et pour Monsieur? Ce sera ...?« – »Oh ... un bock«, dit-il. »Et après? ...« cria le garçon fâché; alors plutôt pour s'en débarasser que pour autre chose »eh bien, une côtelette!«
Il n'y songeait déjà plus, quand on la lui apporta dans une assiette; alors, ma foi, comme c'était là devant lui ...
»Écoutez, si vous vouliez essayer d'arranger cette affaire, vous seriez bien gentil. Voici pour vous.«
Et il lui tend un billet de cent francs. Ayant entendu des pas s'éloigner, il se croyait déjà libre. Mais c'est maintenant le commissaire de police qui se trouve devant lui.
Plume s'excusa aussitôt.
– Il avait pris un rendez-vous avec un ami. Il l'avait vainement cherché toute la matinée. Alors comme il savait que son ami en revenant du bureau passait par cette rue, il était entré ici, avait pris une table près de la fenêtre et comme d'autre part l'attente pouvait être longue et qu'il ne voulait pas avoir l'air de reculer devant la dépense, il avait commandé une côtelette; pour avoir quelque chose devant lui. Pas un instant il ne songeait à consommer. Mais l'ayant devant lui, machinalement, sans se rendre compte le moins du monde de ce qu'il faisait, il s'était mis à manger.
Il faut savoir que pour rien au monde il n'irait au restaurant. Il ne déjeune que chez lui. C'est un principe. Il s'agit ici d'une pure distraction, comme il peut en arriver à tout homme énervé, une inconscience passagère; rien d'autre.
Mais le commissaire ayant appelé au téléphone le chef de la sûreté: »Allons«, dit-il à Plume en lui tendant l'appareil. »Expliquez-vous une bonne fois. C'est votre seule

mer verlegener. Wie er ihm einen Geldschein hinhält, sieht er plötzlich einen Uniformärmel; ein Polizist stand vor ihm.
Plume entschuldigte sich sogleich.
Er sei hereingekommen, um sich ein wenig auszuruhen. Auf einmal habe man ihm ins Gesicht geschrien: »Und für den Herrn? Was beliebt?« – »Oh – ein Bier«, sagte er. »Und danach?« schreit der Kellner ärgerlich; darauf, mehr um ihn loszuwerden als aus sonst einem Grund, »na schön, ein Kotelett!«
Er habe schon gar nicht mehr daran gedacht, als man es ihm gebracht habe, auf einem Teller, und dann, wahrhaftig, wie es vor ihm stand ...
»Hören Sie, es wäre nett von Ihnen, wenn Sie diese Sache in Ordnung bringen könnten. Das für Ihre Mühe.«
Und er hält ihm einen Hundertfrankenschein hin. Da er sich entfernende Schritte hört, glaubte er schon, frei zu sein. Aber jetzt ist es der Polizeikommissar, der vor ihm steht.
Er habe eine Verabredung mit einem Freund gehabt. Wirklich, den ganzen Vormittag habe er ihn vergeblich gesucht. Da er wußte, daß sein Freund, wenn er aus dem Büro kam, diese Straße entlang mußte, war er hereingegangen, hatte sich beim Fenster an einen Tisch gesetzt. Weil andrerseits das Warten lange dauern konnte und er nicht so aussehen wollte, als scheue er die Ausgabe, hatte er ein Kotelett bestellt, nur um etwas vor sich stehen zu haben. Nicht einen Augenblick dachte er daran, etwas zu verzehren. Aber wie er es vor sich stehen sah, hatte er, ganz mechanisch, ohne sich die geringste Rechenschaft über sein Tun abzulegen, angefangen zu essen.
Sonst gehe er nämlich um nichts in der Welt in ein Restaurant. Er esse nur zu Hause, das sei sein Grundsatz. Hier habe es sich um reine Zerstreutheit gehandelt, wie sie jedem ermüdeten Menschen passieren könne; eine vorübergehende Abwesenheit, nichts anderes.
Doch der Kommissar hat den Chef der Sicherheitspolizei ans Telefon gerufen: »Los, los«, sagte er zu Plume und hält ihm den Apparat hin. »Heraus mit der Sprache. Das ist Ihre letzte

chance de salut.« Et un agent le poussant brutalement lui dit: »Il s'agira maintenant de marcher droit, hein?« Et comme les pompiers faisaient leur entrée dans le restaurant, le chef de l'établissement lui dit: »Voyez quelle perte pour mon établissement. Une vraie catastrophe!« et il montrait la salle que tous les consommateurs avaient quittée en hâte.

Ceux de la Secrète lui disaient: »Ça va chauffer, nous vous prévenons. Il vaudra mieux confesser toute la vérité. Ce n'est pas notre première affaire, croyez-le. Quand ça commence à prendre cette tournure, c'est grave.«

Cependant, un grand rustre d'agent par-dessus son épaule lui disait: »Écoutez, je n'y peux rien. C'est l'ordre. Si vous ne parlez pas dans l'appareil, je cogne. C'est entendu? Avouez! vous êtes prévenu. Si je ne vous entends pas, je cogne.«

PLUME AVAIT MAL AU DOIGT

Plume avait un peu mal au doigt.

»Il vaudrait peut-être mieux consulter un médecin«, lui dit sa femme. »Il suffit souvent d'une pommade ...«

Et Plume y alla.

»Un doigt à couper«, dit le chirurgien, »c'est parfait. Avec l'anesthésie vous en avez pour six minutes tout au plus. Comme vous êtes riche, vous n'avez pas besoin de tant de doigts. Je serai ravi de vous faire cette petite opération. Je vous montrerai ensuite quelques modèles de doigts artificiels. Il y en a d'extrêmement gracieux. Un peu chers sans doute. Mais il n'est pas question naturellement de regarder à la dépense. Nous vous ferons ce qu'il y a de mieux.«

Plume regarda mélancoliquement son doigt et s'excusa.

Chance.« Und ein Polizist, der ihn brutal vor sich herstößt, sagt zu ihm: »Jetzt heißts gerade gehen, wie?« Und wie die Feuerwehrleute ihren Einzug in das Restaurant hielten, meinte der Betriebsleiter zu ihm: »Sehen Sie, was für ein Schaden für meinen Betrieb. Eine regelrechte Katastrophe.« Und er zeigte in den Saal, den alle Gäste fluchtartig verlassen hatten.

Die vom Geheimdienst sagten zu ihm:

»Jetzt können Sie sich auf etwas gefaßt machen. Besser gleich mit der ganzen Wahrheit heraus. Ist nicht unser erster Fall dieser Art, das können Sie mir glauben. Wenns einmal diese Wendung nimmt, dann wird es ernst.«

Jedoch ein langer Polizistenlümmel sagt ihm über seine Schulter hinweg: »Hören Sie, ich kann nichts dafür. Es ist Befehl. Wenn Sie nicht in den Apparat sprechen, schlage ich zu. Verstanden? Legen Sie ein Geständnis ab! Sie wissen jetzt Bescheid. Wenn ich nichts höre, schlage ich zu.«

PLUME TAT DER FINGER WEH

Plume tat der Finger ein bißchen weh.

»Vielleicht wäre es besser, einen Arzt aufzusuchen«, sagte seine Frau zu ihm. »Oft genügt eine Salbe ...«

Und Plume ging hin.

»Ein Finger abzuschneiden«, sagte der Chirurg, »klarer Fall. Inklusive Narkose dauert das höchstens sechs Minuten. Sie sind ein reicher Mann, also brauchen Sie nicht so viele Finger. Es wird mir ein Vergnügen sein, diese kleine Operation vorzunehmen. Nachher zeige ich Ihnen ein paar Modelle von künstlichen Fingern. Es gibt ganz außerordentlich graziöse darunter. Gewiß, etwas teuer. Aber natürlich darf man nicht auf die Preise sehen. Wir werden Ihnen das Beste vom Besten besorgen.«

Plume besah melancholisch seinen Finger und entschuldigte sich.

»Docteur, c'est l'index, vous savez, un doigt bien utile. Justement je devais écrire encore à ma mère. Je me sers toujours de l'index pour écrire. Ma mère serait inquiète si je tardais davantage à lui écrire, je reviendrai dans quelques jours. C'est une femme très sensible, elle s'émeut si facilement.«

»Qu'à cela ne tienne«, lui dit le chirurgien, »voici du papier, du papier blanc, sans en-tête naturellement. Quelques mots bien sentis de votre part lui rendront la joie.

Je vais téléphoner pendant ce temps à la Clinique pour qu'on prépare tout, qu'il n'y ait plus qu'à retirer les instruments tout aseptisés. Je reviens dans un instant ...«

Et le voilà déjà revenu.

»Tout est pour le mieux, on nous attend.«

»Excusez, docteur«, fit Plume, »vous voyez, ma main tremble, c'est plus fort que moi ... eh ...«

»Eh bien«, lui dit le chirurgien, »vous avez raison, mieux vaut ne pas écrire. Les femmes sont terriblement fines, les mères surtout. Elles voient partout des réticences quand il s'agit de leur fils, et d'un rien, font un monde. Pour elles, nous ne sommes que de petits enfants. Voici votre canne et votre chapeau. L'auto nous attend.«

Et ils arrivent dans la salle d'opération.

»Docteur, écoutez. Vraiment ...«

»Oh!« fit le chirurgien, »ne vous inquiétez pas, vous avez trop de scrupules. Nous écrirons cette lettre ensemble. Je vais réfléchir tout en vous opérant.«

Et approchant le masque, il endort Plume.

»Tu aurais quand même pu me demander mon avis«, dit la femme de Plume à son mari.

»Ne va pas t'imaginer qu'un doigt perdu se retrouve si facilement.

Un homme avec des moignons, je n'aime pas beaucoup ça. Dès que ta main sera un peu trop dégarnie, ne compte plus sur moi.

»Herr Doktor, es ist der Zeigefinger, Sie wissen, ein sehr nützlicher Finger. Gerade jetzt war ein Brief an meine Mutter fällig. Ich benutze immer den Zeigefinger zum Schreiben. Meine Mutter würde sich Sorgen machen, wenn ich noch länger zögerte, ihr zu schreiben; ich komme in ein paar Tagen wieder. Sie ist nämlich eine sehr sensible Frau, sie regt sich leicht auf.«

»Daran soll es nicht liegen«, sagte der Chirurg zu ihm. »Hier ist Papier, weißes Papier, natürlich ohne Briefkopf. Ein paar herzliche Worte werden sie wieder froh machen.

Ich telefoniere inzwischen mit der Klinik, damit dort alles vorbereitet wird und die Instrumente gleich zur Hand sind, fertig desinfiziert. Ich bin gleich wieder zurück . . .«

Und schon ist er wieder da.

»Alles in bester Ordnung, wir werden erwartet.«

»Entschuldigen Sie, Herr Doktor«, versetzte Plume, »Sie sehen, meine Hand zittert, dagegen komme ich nicht auf . . .«

»Na schön«, sagte der Chirurg, »Sie haben recht, besser gar nicht schreiben. Frauen haben eine solche Nase, besonders Mütter. Sie sehen überall etwas, das ihnen verschwiegen wird, wenn es sich um ihren Sohn handelt, und machen eine Welt aus einem Nichts. Für sie sind wir eben kleine Kinder geblieben. Hier Ihr Stock und Ihr Hut. Das Auto wartet auf uns.«

Und sie kommen in den Operationssal.

»Herr Doktor, hören Sie mal, wirklich . . .«

»Oh, beunruhigen Sie sich nicht«, versetzte der Chirurg, »Sie haben zuviel Skrupel. Wir werden diesen Brief zusammen schreiben. Ich will darüber nachdenken, während ich Sie operiere.«

Er hält ihm die Maske vor und betäubt ihn.

»Du hättest mich wenigstens nach meiner Meinung fragen sollen«, sagte Frau Plume zu ihrem Gatten. »Bilde dir nur nicht ein, daß man einen verlorenen Finger so leicht wiederfindet.

Ein Mann mit Stummeln, so was mag ich nicht sehr gerne. Wenn deine Hand ein bißchen zu sehr gerupft ist, dann zähl nicht mehr auf mich.

Les infirmes c'est méchant, ça devient promptement sadique. Mais moi je n'ai pas été élevée comme j'ai été élevée pour vivre avec un sadique. Tu t'es figuré sans doute que je t'aiderais bénévolement dans ces choses-là. Eh bien tu t'es trompé, tu aurais mieux fait d'y réfléchir avant . . .«
»Écoute«, dit Plume, »ne te tracasse pas pour l'avenir. J'ai encore neuf doigts et puis ton caractère peut changer.«

L'HÔTE D'HONNEUR DU BREN CLUB

L'hôte d'honneur mangeait lentement, méthodiquement, ne faisant aucun commentaire.
La dinde était farcie à l'asticot, la salade avait été nettoyée au cambouis, les pommes de terre avaient été recrachées. L'arbre à grape-fruit avait dû croître en terrain de naphtaline, les champignons sentaient l'acier, le pâté sentait l'aisselle. Le vin était vin comme le permanganate.
Plume sans lever la tête mangeait patiemment. Un serpent tombé d'un régime de bananes rampa vers lui; il l'avala par politesse, puis il se replongea dans son assiette.
Pour attirer son attention la maîtresse de maison se mit un sein à nu. Ensuite, détournant les yeux, elle rit gauchement.
Plume sans lever la tête mangeait toujours.
»Savez-vous comment on nourrit un enfant?« demanda-t-elle tout d'un coup agitée et elle le renifla. Par honnêteté, il la renifla aussi, doucement. Peu après, sanglotant, sa voisine de droite se trouva, à demi étouffée d'une langue de mouton, que sottement elle s'était mise dans la tête d'avaler. On l'entoura de soins vigilants. Sans en avoir l'air, l'un lui tenait les narines presque bouchées, tandis

Ein Krüppel, das ist was Böses, das wird gleich zum Sadisten. Aber ich, nein, ich habe meine Erziehung nicht genossen, um mit einem Sadisten zusammenzuleben. Du hast dir wohl eingebildet, ich würde dir gutwillig in allen diesen Dingen beistehen. Da hast du dich eben geirrt, besser hättest du dir vorher Gedanken gemacht darüber ...«
»Hör zu«, sagte Plume, »mach dir keine Sorgen wegen der Zukunft. Ich habe ja noch neun Finger, und außerdem kann dein Charakter sich ändern.«

ALS EHRENGAST BEIM BREN-CLUB

Der Ehrengast aß langsam, methodisch und ohne jeden Kommentar.
Die Pute war mit Maden gespickt, der Salat war mit Wagenschmiere gewaschen, die Kartoffeln waren wiederausgespuckte Kartoffeln. Der Grapefruitbaum war wohl in einem Naphtalinboden gewachsen, die Pilze rochen nach Stahl, die Pastete nach Achselschweiß. Der Wein war genauso Wein, wie Übermangansäure Wein ist.
Plume aß geduldig, ohne den Kopf zu heben. Eine Schlange, die aus einer Bananenrispe gefallen war, kroch auf ihn zu; er verschlang sie aus Höflichkeit, dann vertiefte er sich wieder in seinen Teller.
Um seine Aufmerksamkeit auf sich zu ziehen, entblößte die Dame des Hauses eine ihrer Brüste. Dann, die Augen abwendend, lachte sie linkisch.
Plume aß weiter, ohne den Kopf zu heben.
»Wissen Sie, wie man ein Kind stillt?« fragte sie plötzlich erregt und beschnupperte ihn. Aus Anstand beschnupperte nun auch er sie, ganz sacht. Bald darauf geschah es, daß seine Nachbarin zur Rechten schluchzend an einer Hammelzunge, die zu verschlingen sie törichterweise sich in den Kopf gesetzt hatte, fast erstickte. Man umsorgte und umhegte sie von allen Seiten. Ohne es sich anmerken zu lassen, hielt ihr der eine die Nasen-

que d'autres sous couleur de l'aider lui comprimaient la glotte. Et jamais elle ne rendit la langue à laquelle elle avait tant envie de renoncer.
Ainsi la vie, toujours prête à tirer son épingle du jeu, la quitta silencieusement.
»Ne le prenez pas en mauvaise part« dit alors à Plume la maîtresse de maison, les yeux brillants et larges. »Dans l'avalement des langues, toujours quelque'un échoue. Ça aurait pu être vous. Ça aurait pu être moi. Félicitons-nous. Divertissons-nous. Je voudrais que des enfants nous voient en ce moment. Ils aiment tant la vue du bonheur.«
Et elle le battait en l'embrassant.

löcher zu, während andere, unter dem Vorwand, ihr zu helfen, ihr die Stimmritze zusammenpreßten. Und niemals gab sie die Zunge wieder her, auf die sie so gerne verzichtet hätte.

Und das Leben, immer gleich bereit, seinen Einsatz aus dem Spiel zurückzuziehen, verließ sie in aller Stille.

»Lassen Sie sich das nicht zu nahe gehen«, sagte die Dame des Hauses zu Plume. Ihre weit offenen Augen glänzten. »Beim Hinunterschlingen von Zungen, da muß immer einer scheitern. Auch Sie hätten es sein können. Auch ich hätte es sein können. Beglückwünschen wir uns. Zerstreuen wir uns. Ich wollte, Kinder könnten uns sehen in diesem Augenblick. Kinder lieben sosehr den Anblick des Glücks.«

Und sie schlug und küßte ihn zugleich.

Deutsch von Paul Celan

GEDICHTE

Poèmes (1934)

CONTRE!

Je vous construirai une ville avec des loques, moi!
Je vous construirai sans plan et sans ciment
Un édifice que vous ne détruirez pas,
Et qu'une espèce d'évidence écumante,
Soutiendra et gonflera, qui viendra vous braire au nez,
Et au nez gelé de tous vos Parthénons, de vos arts arabes, et de vos Mings.

Avec de la fumée, avec de la dilution de brouillard
Et du son de peau de tambour,
Je vous assoierai des forteresses écrasantes et superbes,
Des forteresses faites exclusivement de remous et de secousses,
Contre lesquelles votre ordre multimillénaire et votre géométrie,
Tomberont en fadaises et galimatias et poussière de sable sans raison.

Glas! Glas! Glas sur vous tous, néant sur les vivants!
Oui, je crois en Dieu! Certes il n'en sait rien!
Foi, semelle inusable pour qui n'avance pas.
Oh monde, monde étranglé, ventre froid!
Même pas symbole, mais néant, je contre, je contre,
Je contre et te gave de chiens crevés.
En tonnes, vous m'entendez, en tonnes, je vous arracherai ce que vous m'avez refusé en grammes.

Le venin du serpent est son fidèle compagnon,
Fidèle et il l'estime à sa juste valeur.

KONTRA!

Eine Stadt will ich euch da hinbaun, mit Lumpen und Fetzen, ja ich!
Und euch errichten, ohne Plan und ohne Zement, ein Bauwerk,
das sollt ihr mir schon nicht niederreißen.
Und dazu irgend so etwas Schäumend-Augenfälliges,
das es stützt und großbläht und daherkommt und sich euch wiehernd unter die Nase reibt,
und unter die gefrorene Nase all eurer Parthenons und all eurer arabischen Künste und all eurer Mings.

Mit Rauch, mit verdünntem Nebel
und dem Laut vom Fell einer Trommel
bau ich euch Festungen hin, erdrückende, herrliche,
Festungen aus lauter Ruck und Stoß und Schüttern,
an denen eure vieltausendjährige Ordnung, eure ganze Geometrie
in lauter schales Zeug zerfällt, lauter krauses Geschwätz und Gerede,
in Sandstaub ohne Woher noch Wohin.

Toten-, Toten-, Totengeläut über euch alle!
Und das Nichts über die Lebenden!
Ja, ich glaube an Gott! Ja, gewiß, er weiß nichts davon!
Glaube, du unverwüstliche Schuhsohle dessen, der nicht vorankommt.
O Welt, erwürgte, gedrosselte Welt, Frostbauch!
Du nicht einmal Sinnbild, du Nichtigkeit und Nichts, ich gebe kontra, kontra!
Gebe kontra und mäste dich mit krepierten Kötern.
Tonnenweis, hört ihr, tonnenweise, so will ich euch entreißen, was ihr mir verweigert habt grammweise.

Das Gift ist der Schlange ein treuer Gefährte.
Ist ihr ein treuer Gefährte und achtet sie nach Gebühr.

Frères, mes frères damnés, suivez-moi avec confiance.
Les dents du loup ne lâchent pas le loup.
C'est le chair du mouton qui lâche.

NOUS AUTRES

Dans notre vie, rien n'a jamais été droit.
Droit comme pour nous.
Dans notre vie, rien ne s'est consommé à fond.
À fond comme pour nous.
Le triomphe, le parachèvement.
Non, non, ça n'est pas pour nous.

Mais prendre le vide dans ses mains,
Chasser le lièvre, rencontrer l'ours.
Courageusement frapper l'ours, toucher le rhinocéros.
Être dépouillé de tout, mis à suer son propre cœur.
Rejeté au désert, obligé d'y refaire son cheptel,
Un os par ci, une dent par là, plus loin une corne.
Ça c'est pour nous.

Dire que les sept vaches grasses naissent en ce moment.
Elles naissent, mais ce n'est pas nous qui les trairons.
Les quatre chevaux ailés viennent de naître.
Ils sont nés. Ils ne rêvent que de voler.
On a peine à les retenir. Ça ira presqu'aux astres, ces bêtes-là.
Mais ce n'est pas nous qui y seront portés.
Pour nous les chemins de taupe, de courtilière.

De plus, nous sommes arrivés aux portes de la Ville.
De la Ville-qui-compte.

Brüder, ihr Brüder in der Verdammnis, folgt mir getrost.
Die Zähne des Wolfs lassen den Wolf nicht im Stich.
Es ist das Fleisch des Schafs, das im Stich läßt.

WIR ANDERN

In unserm Leben, da ist nie etwas grad gewesen.
Grad, wie für uns.
In unserm Leben, da ist nie etwas vollbracht worden.
Ganz und gar, wie für uns.
Der Triumph, die Vollendung.
Nein, nein, das ist nicht für uns.

Aber die Leere mit Händen fassen,
den Hasen jagen und dem Bären begegnen.
Mutig auf den Bären losgehn und das Nashorn treffen.
Von allem entblößt werden, sein eigenes Herz ausschwitzen müssen.
In die Wüste verstoßen, genötigt sein, daselbst seinen Viehbestand zu erneuern,
einen Knochen da, einen Zahn dort, ein Stück weiter ein Horn.
Das ist für uns.

Und wenn man bedenkt, daß in diesem Augenblick die sieben fetten Kühe geboren werden!
Sie werden geboren, aber nicht wir werden sie melken.
Die vier Flügelrosse – eben wurden sie geboren.
Sie sind da. Und träumen von nichts als vom Fliegen.
Sie sind kaum zu halten. Die fliegen noch bis unter die Sterne hinauf, die Viecher da.
Aber nicht wir werden da emporgetragen.
Für uns: die Maulwurfs- und die Maulwurfsgrillenwege.

Außerdem sind wir bis an die Tore der Stadt gelangt.
Der Stadt-auf-die's-ankommt.

Nous y sommes, il n'y a pas de doute. C'est elle. C'est bien elle.
Ce que nous avons souffert pour arriver ... et pour partir.
Se désenlacer lentement, en fraude, des bras de l'arrière ...

Mais ce n'est pas nous qui entrerons.
Ce sont de jeunes m'as-tu-vu, *tout verts, tout fiers qui entreront.*
Mais nous, nous n'entrerons pas.
Nous n'irons pas plus loin. Stop! pas plus loin.
Entrer, chanter, triompher, non, non ça n'est pas pour nous.

1932

ICEBERGS

Icebergs, sans garde-fou, sans ceinture, où de vieux cormorans abattus et les âmes des matelots morts récemment viennent s'accouder aux nuits enchanteresses de l'hyperboréal.

Icebergs, Icebergs, cathédrales sans religion de l'hiver éternel, enrobés dans la calotte glaciaire de la planète Terre.
Combien hauts, combien purs sont tes bords enfantés par le froid.

Icebergs, Icebergs, dos du Nord-Atlantique, augustes Bouddhas gelés sur des mers incontemplées, Phares scintillants de la Mort sans issue, le cri éperdu du silence dure des siècles.

Icebergs, Icebergs, Solitaires sans besoin, des pays bouchés, distants, et libres de vermine. Parents des îles, parents des sources, comme je vous vois, comme vous m'êtes familiers ...

1934

Kein Zweifel, wir sind angelangt. Sie ist es. Sie, ganz bestimmt.
Was haben wir leiden müssen, um hierher zu gelangen ... um aufzubrechen.
Sich aus den Umarmungen lösen, langsam, sich herausschmuggeln aus den Armen der Etappe ...

Aber nicht wir werden einziehn.
Einziehn werden junge *Dick- und Wichtigtuer,* daherstolzierende Grünlinge.
Aber wir, wir ziehn da nicht ein.
Wir kommen da nicht weiter. Stop! Bis hierher und nicht weiter.
Einziehen, singen, triumphieren – nein, nein, das ist nicht für uns.

1932

EISBERGE

Eisberge, gurtlos, geländerlos, wo alte abgekämpfte Kormorane und die Seelen der kürzlich verstorbenen Matrosen an den hyperboräischen Zaubernächten Stütze finden und Halt.

Eisberge, Eisberge, religionslose Dome des ewigen Winters, von der Eiskappe des Planeten Erde umkleidet.
Wie sind sie hoch, wie sind sie rein, deine frostgeborenen Ränder.

Eisberge, Eisberge, Rücken des Nord-Atlantiks, erhabne, auf ungeschauten Meeren zu Eis erstarrte Buddhas, Blinkfeuer des ausweglosen Todes, der desperate Schrei der Stille hält Jahrhunderte an.

Eisberge, Eisberge, grundlos Einsame der zugemauerten Länder, Abstand wahrend und frei von Geschmeiß. Eltern der Inseln, Eltern der Quellen, wie gut ich euch sehe, wie vertraut ihr mir seid ...

1934

Deutsch von Kurt Leonhard

DIE NACHT RÜHRT SICH

La Nuit Remue (1935)

LA NUIT REMUE

1

Tout à coup le carreau dans la chambre paisible montre une tache.
L'édredon à ce moment a un cri, un cri et un sursaut; ensuite le sang coule. Les draps s'humectent, tout se mouille.
L'armoire s'ouvre violemment; un mort en sort et s'abat.
Certes cela n'est pas réjouissant.
Mais c'est un plaisir que de frapper une belette. Bien, ensuite il faut la clouer sur un piano. Il le faut absolument. Après on s'en va. On peut aussi la clouer sur un vase. Mais c'est difficile. Le vase n'y résiste pas. C'est difficile. C'est dommage.
Un battant accable l'autre et ne le lâche plus. La porte de l'armoire s'est refermée.
On s'enfuit alors, on est des milliers à s'enfuir. De tous côtés, à la nage; on était donc si nombreux!
Étoile de corps blancs, qui toujours rayonne, rayonne ...

2

Sous le plafond bas de ma petite chambre est ma nuit, gouffre profond.
Précipité constamment à des milliers de mètres de profondeur, avec un abîme plusieurs fois aussi immense sous moi, je me retiens avec la plus grande difficulté aux aspérités, fourbu, machinal, sans contrôle, hésitant entre le dégoût et l'opiniâtreté; l'ascension-fourmi se poursuit avec une lenteur interminable. Les aspérités de plus en plus infimes, se lisent à peine sur la paroi perpendiculaire. Le gouffre, la nuit, la terreur s'unissent de plus en plus indissolublement.

DIE NACHT RÜHRT SICH

1

Mit einem Mal weist die Fensterscheibe in meinem friedlichen Zimmer einen Fleck auf.
Im gleichen Augenblick stößt das Federbett einen Schrei aus, stößt einen Schrei aus und schnellt hoch; dann fließt das Blut. Die Laken werden naß, alles feuchtet durch.
Mit einem Ruck geht der Schrank auf; ein Toter kippt heraus und sackt zusammen. Keine reine Freude, das.
Welch ein Vergnügen hingegen, ein Wiesel zusammenzuschlagen. So, und jetzt muß man es auf ein Klavier nageln. Unbedingt. Dann geht man fort. Man kann es auch an eine Vase nageln. Aber das ist schwierig. Die Vase hält das nicht aus. Schwierige Sache. Schade.
Ein Türflügel klemmt den andern fest und läßt ihn nicht mehr los. Die Schranktür hat sich wieder geschlossen.
Dann ergreift man die Flucht, zu Tausenden wird geflüchtet. Von allen Seiten, schwimmend; so zahlreich war man also!
Stern aus weißen Leibern, der fortwährend Strahlen aussendet . . . Strahlen . . .

2

Unter der niedrigen Decke meines Zimmers, da ist meine Nacht; eine tiefe Schlucht.
Beständig in Tausende von Metern Tiefe hinabgestürzt, mit einem um ein Vielfaches ausgedehnteren Abgrund unter mir, halte ich mich mit größter Schwierigkeit an den Unebenheiten fest, gliedersteif, mechanisch, ohne mich in der Gewalt zu haben, zwischen Überdruß und Halsstarrigkeit schwankend; die Ameisenkletterpartie zieht sich mit nichtendenwollender Langsamkeit hin. Die Unebenheiten werden immer winziger, lassen sich kaum mehr von der Steilwand ablesen. Die Schlucht, die Nacht, der Schrecken, immer unauflöslicher eins.

3

Déjà dans l'escalier elle commença à n'être plus bien grande. Enfin arrivée au 3me, au moment de franchir le seuil de ma chambre, elle n'était guère plus haute qu'une perdrix. Non, non, alors je n'y tiens pas. Un femme, bien! pas une perdrix. Elle savait bien pourquoi je l'avais appelée. Ce n'était pas pour ... enfin!
Dans ce cas pourquoi s'obstiner en dépit de toute raison, et me retenir sauvagement par le pantalon?
Le dernier coup de pied que je lui ai envoyé l'a fait tomber jusqu'à la loge de la concierge.
Certes je ne voulais pas cela. Elle m'y a forcé, je peux le dire. Je crois bien que je puis le dire.
Et maintenant, au bas de l'escalier, ses petits gémissements, gémissements, gémissements, comme font tous les êtres malfaisants.

4

... Elles apparurent s'exfoliant doucement des solives du plafond ... Une goutte apparut, grosse comme un œuf d'huile et lourdement tomba, une goutte tomba, ventre énorme, sur le plancher.
Une nouvelle goutte se forma, matrice luisante quoique obscure et tomba. C'était une femme.
Elle fit des efforts extravagants et sans nul doute horriblement pénibles, et n'arriva à rien.
Une troisième goutte, se forma, grossit, tomba. La femme qui s'y forma, instantanément aplatie, fit cependant un tel effort ... qu'elle se retourna.
D'un coup. Puis tout mouvement cessa.
Longues étaient ses jambes, longues. Elle eût fait une danseuse.

3

Schon auf der Treppe fing sie an, nicht mehr so recht groß zu sein. Endlich im dritten Stock angelangt, war sie, als sie den Fuß über die Schwelle meines Zimmers setzte, kaum größer als ein Rebhuhn. Nein, nein, dann lege ich keinen Wert mehr darauf. Eine Frau – gut, aber nicht ein Rebhuhn. Sie wußte ja, weshalb ich sie gerufen hatte. Nicht um ... na, lassen wir's!

Weshalb mußte sie sich also darauf versteifen, wider alle Vernunft, und mich so wild an meiner Hose festhalten?

Der letzte Fußtritt, den ich ihr versetzt habe, hat sie bis zur Portiersloge hinunterpurzeln lassen.

Gewiß, das hatte ich nicht gewollt. Sie hat mich dazu gezwungen, das kann ich wohl sagen. Jawohl, das, glaube ich, kann ich sagen.

Und jetzt, unten am Fuß der Treppe, dieses Wimmern und Wimmern und Wimmern – wie bei allen bösartigen Wesen.

4

... Sie kamen zum Vorschein, indem sie sacht von den Deckenbalken abblätterten ... Ein Tropfen kam zum Vorschein, so groß wie ein Ei aus Öl, und fiel schwer herab, ein Tropfen, ein enormer Bauch, fiel auf den Fußboden herab.

Ein neuer Tropfen bildete sich, ein leuchtender, wenn auch dunkler Muttertropfen – und fiel herab. Es war eine Frau.

Sie machte extravagante und zweifellos schrecklich mühselige Anstrengungen und gelangte zu nichts.

Ein dritter Tropfen bildete sich, wuchs, fiel herab. Die Frau, die sich daraus bildete, war zwar im Nu plattgedrückt, machte indessen eine derartige Anstrengung ... daß sie auf den Rücken zu liegen kam.

Ganz plötzlich. Dann hörte jede Bewegung auf.

Lang waren ihre Beine, lang. Sie hätte eine Tänzerin abgeben können.

De nouveau une goutte se forma et grossit, tumeur terrible d'une vie trop promptement formée et tomba.
Les corps allaient s'amoncelant, crêpes vivantes, bien humaines pourtant sauf l'aplatissement.
Puis les gouttes ne coulèrent plus. Je m'étendis près d'un tas de petites femmes, la stupeur dans l'esprit, navré, ne songeant ni à elles ni à moi, mais à l'amère vie quotidienne.

5

Nous sommes toujours trois dans cette galère. Deux pour tenir la conversation et moi pour ramer.
Qu'il est dur le pain quotidien, dur à gagner et dur à se faire payer!
Ces deux bavards sont toute ma distraction, mais c'est tout de même dur de les voir manger mon pain.
Ils parlent tout le temps. S'ils ne parlaient, pas tout le temps, certes l'immensité de l'océan et le bruit des tempêtes, disent-ils, viendraient à bout de mon courage et de mes forces.
Faire avancer à soi tout seul un bateau, avec une paire de rames, ce n'est pas commode. L'eau a beau n'offrir que peu de résistance ... Elle en offre, allez. Elle en offre, il y a des jours surtout ...
Ah! comme j'abandonnerais volontiers mes rames.
Mais ils y ont l'œil, n'ayant que ça à faire, et à bavarder et à manger mon pain, ma petite ration dix fois rognée déjà.

6

Mes petites poulettes, vous pouvez dire tout ce que vous voulez, ce n'est pas moi qui m'embête. Hier encore j'arra-

Wiederum bildete sich ein Tropfen und wuchs – das entsetzliche Geschwür eines allzu rasch entstandenen Lebens – und fiel herab.
Die Körper häuften sich übereinander, lebende Pfannkuchen, dabei recht menschlich, bis auf das Plattgedrücktsein.
Dann kamen keine Tropfen mehr. Ich streckte mich neben einem Haufen kleiner Frauen aus, starr vor Staunen, tief bekümmert, weder an sie noch an mich denkend, sondern an das bittere tägliche Leben.

5

Wir sind immer zu dreien in dieser Galeere. Zwei, um die Unterhaltung zu bestreiten, und ich, um zu rudern.
Wie ist es doch hart, das tägliche Brot, hart verdient und hart bezahlt!
Die beiden Schwätzer sind meine ganze Zerstreuung, aber trotzdem ist es hart, ihnen dabei zusehen zu müssen, wie sie mein Brot essen.
Sie sprechen die ganze Zeit. Sprächen sie nicht die ganze Zeit, dann würden, sagen sie, die Unermeßlichkeit des Ozeans und das Tosen der Stürme alsbald Herr werden über meinen Mut und meine Kräfte.
Ganz für sich allein mit einem Ruderpaar ein Boot vorwärtszubringen, das ist nicht gerade bequem. Wenn auch das Wasser nur wenig Widerstand bietet . . . es bietet ihn, und ob es ihn bietet, zumal an manchen Tagen . . .
Ach, wie gern würde ich meine Ruder fahren lassen.
Aber sie haben ein Auge darauf, sie haben ja nichts anderes zu tun als das, und zu schwatzen und mir mein Brot aufzuessen, meine kleine, schon zehnmal angeknabberte Ration.

6

Meine kleinen Hühnchen, ihr könnt sagen, was ihr wollt, ich werde mich schon nicht langweilen, ich nicht. Gestern noch

chai un bras à un agent (c'était peut-être un bras galonné de brigadier. Je n'en suis pas sûr. Je l'arrachai vivement, et le rejetai de même).
Mes draps jamais pour ainsi dire ne sont blancs. Heureusement que le sang sèche vite. Comment dormirai-je sinon?
Mes bras égarés plongent de tous côtés dans des ventres, dans des poitrines; dans les organes qu'on dit secrets (secrets pour quelques-uns!).
Mes bras rapportent toujours, mes bons bras ivres. Je ne sais pas toujours quoi, un morceau de foie, des pièces de poumons, je confonds tout, pourvu que ce soit chaud, humide et plein de sang.
Dans le fond ce que j'aimerais, c'est de trouver de la rosée, très douce, bien apaisante.
Un bras blanc, frais, soigneusement recouvert d'une peau satinée ce n'est pas si mal. Mais mes ongles, mes dents, mon insatiable curiosité, le peu que je puis m'accoutumer du superficiel . . . Enfin, c'est comme ça. Tel partit pour un baiser qui rapporta une tête.
Priez pour lui, il enrage pour vous.

MON ROI

Dans ma nuit, j'assiège mon Roi, je me lève progressivement et je lui tords le cou.
Il reprend des forces, je reviens sur lui, et lui tords le cou une fois de plus.
Je le secoue, et le secoue comme un vieux prunier et sa couronne tremble sur sa tête.
Et pourtant, c'est mon Roi, je le sais et il le sait, et c'est bien sûr que je suis à son service.
Cependant dans la nuit, la passion de mes mains l'étrangle

riß ich einem Polizisten einen Arm aus (vielleicht war es der tressenbesetzte Arm eines Wachtmeisters. Ich bin mir nicht sicher. Ich riß ihn ganz rasch ab und warf ihn ebenso rasch weg).

Meine Bettlaken sind sozusagen niemals weiß. Glücklicherweise trocknet Blut schnell. Wie könnte ich sonst schlafen?

Meine Arme irren umher und tauchen auf allen Seiten in Bäuche, in Brüste; in die Organe, die angeblich verborgen sind (verborgen für manche Leute!).

Meine Arme bringen immer etwas heran, meine guten trunkenen Arme. Ich weiß nicht immer was, einen Brocken Leber, Stücke von Lungen, mir ist alles eins, wenn es nur heiß ist, feucht und voll Blut.

Was mir eigentlich gefallen würde, was ich gern finden möchte, das ist Tau, sehr milder beruhigender Tau.

Ein weißer kühler Arm, sorgfältig mit seidiger Haut überzogen, der wäre gar nicht so übel. Aber meine Nägel, meine Zähne, meine unersättliche Neugier, meine so geringe Fähigkeit, mich an das Oberflächliche zu gewöhnen ... Kurz und gut, so ist es nun einmal. Mancher, der auszog, um einen Kuß zu gewinnen, brachte einen Kopf nach Hause.

Bittet für ihn, er wütet für euch.

MEIN KÖNIG

In meiner Nacht belagere ich meinen König, nach und nach erhebe ich mich und drehe ihm den Hals um.

Er kommt wieder zu Kräften, ich falle wieder über ihn her und drehe ihm noch einmal den Hals um.

Ich schüttle ihn, ich schüttle ihn wie einen alten Pflaumenbaum, und seine Krone erbebt auf seinem Kopf.

Und dennoch ist es mein König, ich weiß es und er weiß es, und es ist ganz gewiß, daß ich in seinem Dienst stehe.

In der Nacht jedoch würgt ihn die Leidenschaft meiner Hände, würgt ihn ohne Unterlaß. Keine Spur von Feigheit bei all

sans répit. Point de lâcheté pourtant, j'arrive les mains nues et je serre son cou de Roi.

Et c'est mon Roi, que j'étrangle vainement depuis si longtemps dans le secret de ma petite chambre; sa face d'abord bleuie, après peu de temps redevient naturelle, et sa tête se relève, chaque nuit, chaque nuit.

Dans le secret de ma petite chambre, je pète à la figure de mon Roi. Ensuite j'éclate de rire. Il essaie de montrer un front serein, et lavé de toute injure. Mais je lui pète sans discontinuer à la figure, sauf pour me retourner vers lui, et éclater de rire à sa noble face, qui essaie de garder de la majesté.

C'est ainsi que je me conduis avec lui; commencement sans fin de ma vie obscure.

Et maintenant je le renverse par terre, et m'assieds sur sa figure – son auguste figure disparaît – mon pantalon rude aux taches d'huile, et mon derrière – puisqu'enfin c'est son nom – se tiennent sans embarras sur cette face faite pour régner.

Et je ne me gêne pas, ah non, pour me tourner à gauche et à droite, quand il me plaît et plus même, sans m'occuper de ses yeux ou de son nez qui pourraient être dans le chemin. Je ne m'en vais qu'une fois lassé d'être assis.

Et si je me retourne, sa face imperturbable règne, toujours.

Je le gifle, je le gifle, je le mouche ensuite par dérision comme un enfant.

Cependant il est bien évident que c'est lui le Roi, et moi son sujet, son unique sujet.

À coups de pied dans le cul, je le chasse de ma chambre. Je le couvre de déchets de cuisine et d'ordure. Je lui casse la vaisselle dans les jambes. Je lui bourre les oreilles de basses

dem, mit meinen bloßen Händen komme ich daher und drücke ihm den königlichen Hals zu.
Und mein König ist es, den ich seit so langer Zeit in der Verborgenheit meiner Kammer vergeblich stranguliere; sein zunächst blau angelaufenes Antlitz nimmt nach einiger Zeit wieder seine natürliche Farbe an, und sein Kopf erhebt sich abermals, Nacht für Nacht.
In der Verborgenheit meiner Kammer furze ich meinem König ins Gesicht. Dann breche ich in Lachen aus. Er versucht, eine heitere Stirn zu zeigen, reingewaschen von jeder Beleidigung. Aber ich furze ihm unaufhörlich ins Gesicht, außer wenn ich mich zu ihm umdrehe und in sein edles Antlitz hinein mit meinem Lachen herausplatze, während er versucht, seine majestätische Miene zu bewahren.
So gehe ich mit ihm um; Anfang ohne Ende meines dunklen Lebens.
Und jetzt werfe ich ihn zu Boden und setze mich auf sein Gesicht – sein erhabenes Gesicht verschwindet unter meiner groben ölfleckigen Hose, und mein Hintern – so ist schließlich sein Name – verharrt ohne jede Verlegenheit über diesem zum Herrschen geborenen Antlitz.
Und ich geniere mich nicht, o nein, mich nach links oder nach rechts zu drehen, wie es mir beliebt, und sogar noch mehr, ohne auf seine Augen oder seine Nase zu achten, die im Wege sein könnten. Ich stehe erst auf, wenn ich einmal gründlich des Sitzens überdrüssig bin.
Und wenn ich mich umdrehe, herrscht sein unerschütterliches Antlitz nach wie vor.
Ich ohrfeige ihn, ich ohrfeige ihn, und danach mache ich ihn lächerlich, indem ich ihm wie einem Kind die Nase putze.
Und doch ist es ganz offenkundig, daß er der König ist und ich sein Untertan, sein einziger Untertan.
Mit Fußtritten ins Gesäß jage ich ihn aus meiner Kammer. Mit Küchenabfällen überschütte ich ihn und mit Kehricht. Ich schmeiße ihm das Geschirr zwischen die Beine. Ich stopfe ihm die Ohren voll mit gemeinen und unzweideutigen Beleidigun-

et pertinentes injures, pour bien l'atteindre à la fois profondément et honteusement, de calomnies à la Napolitaine particulièrement crasseuses et circonstanciées, et dont le seul énoncé est une souillure dont on ne peut plus se défaire, habit ignoble fait sur mesure: le purin vraiment de l'existence.
Eh bien, il me faut recommencer le lendemain.
Il est revenu; il est là. Il est toujours là. Il ne peut pas déguerpir pour de bon. Il doit absolument m'imposer sa maudite présence royale dans ma chambre déjà si petite.

Il m'arrive trop souvent d'être impliqué dans des procès. Je fais des dettes, je me bats au couteau, je fais violence à des enfants, je n'y peux rien, je n'arrive pas à me pénétrer de l'esprit des Lois.
Quand l'adversaire a exposé ses griefs au tribunal, mon Roi écoutant à peine mes raisons reprend la plaidoirie de l'adversaire qui devient dans sa bouche auguste le réquisitoire, le préliminaire terrible du jugement qui va me tomber dessus.
À la fin seulement, il apporte quelques restrictions futiles.
L'adversaire jugeant que c'est peu de chose, préfère retirer ces quelques griefs subsidiaires que le tribunal ne retient pas. Il lui suffit simplement d'être assuré du reste.
C'est à ce moment que mon Roi reprend l'argumentation depuis le début, toujours comme s'il la faisait sienne, mais en la rognant encore légèrement. Cela fait, et l'accord établi sur ces points de détail, il reprend encore l'argumentation, depuis le début, et, l'affaiblissant ainsi petit à petit, d'échelon en échelon, de reprise en reprise, il la réduit à de telles billevesées, que le tribunal honteux et les magistrats

gen, um ihn im tiefsten zu treffen, mit Verleumdungen von der neapolitanischen Art, die ganz besonders schmutzig und ausführlich sind und deren bloßes Aussprechen schon eine Befleckung bedeutet, die man nicht mehr los wird, ein schändlicher aber nach Maß gefertigter Anzug: recht eigentlich die Jauche des Daseins.

Nun, am nächsten Tag muß ich von neuem anfangen.

Er ist wiedergekommen; er ist da. Immer ist er da. Er kann gar nicht richtig ausreißen. Unbedingt muß er mir in meiner ohnehin so kleinen Kammer seine verdammte königliche Gegenwart aufzwingen.

Allzu oft werde ich in Prozesse verwickelt. Ich mache Schulden, ich stoße mit dem Messer zu, ich tue Kindern Gewalt an, ich kann nichts dafür, es gelingt mir nicht, mich vom Geist der Gesetze durchdringen zu lassen.

Wenn mein Gegner vor dem Gerichtshof seine Klage vorgebracht hat, dann hört mein König meine Gegengründe kaum an und unterstützt die Sache meines Gegners in einem Plädoyer, das in seinem erhabenen Munde schon zum Strafantrag, zur schrecklichen Ankündigung des Urteils wird, das auf mein Haupt fallen muß.

Erst am Schluß bringt er einige unbedeutende Einschränkungen zur Geltung.

Der Gegner beurteilt sie als belanglos und erklärt sich lieber einverstanden, diese paar Nebenklagen zurückzuziehen, die der Gerichtshof nicht aufrechterhält. Es genügt ihm einfach, des sonstigen Erfolges versichert zu sein.

In diesem Augenblick rollt mein König die Argumentation von allem Anfang wieder auf, immer so als mache er sie zu seiner eigenen, aber dabei unterhöhlt er sie noch ein wenig mehr. Wenn das getan ist, und das Einverständnis über diese einzelnen Punkte hergestellt, rollt er die Argumentation abermals auf, von Anfang an, läßt sie allmählich immer schwächer erscheinen, von Stufe zu Stufe, von Wiederholung zu Wiederholung reduziert er sie zu solchen Albernheiten, daß der Ge-

au grand complet se demandent comment on a osé les convoquer pour de pareilles vétilles, et un jugement négatif est rendu au milieu de l'hilarité et des quolibets de l'assistance.

Alors mon Roi, sans plus s'occuper de moi que si je n'étais pas en question, se lève et s'en va impénétrable.

On peut se demander si c'est une besogne pour un Roi; c'est là pourtant qu'il montre ce qu'il est, ce tyran, qui ne peut rien, rien laisser faire sans que sa puissance d'envoûtement ne soit venue se manifester écrasante et sans recours.

Imbécile, qui tentai de le mettre à la porte! Que ne le laissai-je dans cette chambre tranquillement, tranquillement sans m'occuper de lui.

Mais non. Imbécile que j'ai été, et lui, voyant comme c'était simple de régner, va bientôt tyranniser un pays entier.

Partout où il va, il s'installe.

Et personne ne s'étonne, il semble que sa place était là depuis toujours.

On attend, on ne dit mot, on attend que Lui décide.

Dans ma petite chambre viennent et passent les animaux. Pas en même temps. Pas intacts. Mais ils passent, cortège mesquin et dérisoire des formes de la nature. Le lion y entre la tête basse, pochée, cabossée comme un vieux paquet de hardes. Ses pauvres pattes flottent. Il progresse on ne sait comment, mais en tout cas comme un malheureux.

L'éléphant entre dégonflé et moins solide qu'un faon.

Ainsi du reste des animaux.

Aucun appareil. Aucune machine. L'automobile y entre strictement laminée et ferait à la rigueur un parquet.

richtshof sich schämt und die Richter sich allesamt fragen, wieso man es wagen konnte, sie wegen derartiger Lappalien zu bemühen, und ein Freispruch wird formuliert, inmitten der Heiterkeit und der spöttischen Zwischenrufe des Publikums.
Dann erhebt sich mein König, ohne sich weiter um mich zu kümmern, so als hätte es sich überhaupt nicht um mich gehandelt, und geht fort, undurchdringlich.
Man mag sich fragen, ob das ein Geschäft für einen König sei; dennoch zeigt er gerade hier, was er ist, dieser Tyrann, der nichts, gar nichts geschehen lassen kann, ohne daß seine Zaubermacht sich zermalmend und unwiderruflich kundtäte.
Ich Dummkopf, der ich versucht habe, ihn vor die Tür zu setzen! Konnte ich ihn nicht ruhig in dieser Stube bleiben lassen, ganz ruhig, ohne mich um ihn zu kümmern?
Doch nein. Weil ich ein Dummkopf war, wird er, der gemerkt hat, wie leicht es ist zu herrschen, bald ein ganzes Land tyrannisieren.
Wo er auch hingeht, überall setzt er sich auf den Thron.
Und niemand zeigt sich erstaunt, es scheint, sein Platz sei dort gewesen seit jeher.
Man wartet, man sagt kein Wort, man wartet, bis Er entscheidet.

In meiner Kammer kommen und gehen die Tiere. Nicht alle auf einmal. Nicht unversehrt. Sondern sie wanken dahin, eine kümmerliche lächerliche Prozession der Gestalten der Natur.
Der Löwe kommt herein mit gesenktem Haupt, gebeutelt, verbeult wie ein alter Lumpensack. Seine armen Pranken schlottern. Er kommt voran, man weiß nicht wie, aber jedenfalls wie ein Häufchen Unglück.
Der Elefant kommt ganz dünngeworden daher, schwächer als ein Rehkitz.
So auch die übrigen Tiere.
Keinerlei Apparat. Keinerlei Maschine. Das Automobil kommt nur glattgewalzt in Platten herein und ließe sich zur Not für ein Parkett verwenden.

Telle est ma petite chambre où mon inflexible Roi ne veut rien, rien qu'il n'ait malmené, confondu, réduit à rien, où moi cependant j'ai appelé tant d'êtres à devenir mes compagnons.
Même le rhinocéros, cette brute qui ne peut sentir l'homme, qui fonce sur tout (et si solide, taillé en roc), le rhinocéros lui-même un jour, entra en brouillard presque impalpable, évasif et sans résistance ... et flotta.
Cent fois plus fort que lui était le petit rideau de la lucarne, cent fois plus, que lui, le fort et l'impétueux rhinocéros qui ne recule devant rien, que lui mon grand espoir.
Je lui avais sacrifié ma vie d'avance. J'étais prêt.
Mais mon Roi ne veut pas que les rhinocéros entrent autrement que faibles et dégoulinants.
Une autre fois peut-être lui permettra-t-il de circuler avec des béquilles ... et, pour le circonscrire, un semblant de peau, une mince peau d'enfant qu'un grain de sable écorchera.
C'est comme cela que mon Roi autorise les animaux à passer devant nous. Comme cela seulement.
Il règne; il m'a; il ne tient pas aux distractions.

Cette petite menotte rigide dans ma poche, c'est tout ce qui me reste de ma fiancée.
Une menotte sèche et momifiée (se peut-il vraiment qu'elle fût à elle?) C'est tout ce qu'il m'a laissé d'Elle.
Il me l'a ravie. Il me l'a perdue. Il me l'a réduite à rien!
Dans ma petite chambre, les séances du palais sont tout ce qu'il y a de plus misérable.

Solcherart ist meine Kammer, mein unbeugsamer König will nichts darin sehen, was er nicht mißhandelt, nicht zuschanden, nicht zunichte gemacht hätte, und dabei habe ich hier so viele Lebewesen zusammengerufen, damit sie meine Gefährten würden.

Sogar das Nashorn, dieses fühllose Wesen, das den Menschen nicht riechen kann, das auf alles gleich losstürzt (und so fest, als wäre es in einen Felsen gehauen), das Nashorn selbst geriet hier eines Tages in fast ungreifbaren, flüchtigen, widerstandslosen Nebel . . . und floß dahin.

Hundertmal stärker war der kleine Vorhang des Dachfensterchens, hundertmal stärker als das kraftvolle und ungestüme Nashorn, das vor nichts zurückschreckt und meine große Hoffnung war.

Im voraus hatte ich ihm mein Leben zum Opfer dargebracht. Ich war bereit.

Aber mein König will nicht, daß die Nashörner anders als geschwächt und zerfließend hereinkommen.

Ein anderes Mal wird er ihm vielleicht erlauben, auf Krücken umherzugehen . . . und, um es einzugrenzen, eingehüllt in eine Scheinhaut, eine ganz dünne Kinderhaut, die ein bloßes Sandkorn schon aufschürft.

In dieser Gestalt gestattet mein König den Tieren vor uns vorbeizukommen. Nur so.

Er herrscht. Er hat mich. Auf Zerstreuungen legt er keinen Wert.

Dieses kleine starre Händchen in meiner Tasche ist alles, was mir von meiner Braut geblieben ist.

Ein trockenes, mumifiziertes Händchen (kann es denn wirklich das ihre gewesen sein?), das ist alles, was er mir von Ihr übriggelassen hat.

Geraubt hat er sie mir. Zugrundegerichtet hat er sie mir. Ins Nichts aufgelöst!

Das Allerelendste, was es gibt, sind die Regierungssitzungen in meiner kleinen Kammer.

Même les serpents ne sont pas assez bas, ni rampants pour lui, même un pin immobile l'offusquerait.
Aussi ce qui paraît à sa Cour (à notre pauvre petite chambre!) est-il si incroyablement décevant que le dernier des prolétaires ne saurait l'envier.
D'ailleurs qui d'autre que mon Roi, et moi qui en ai l'habitude, pourrait saisir quelque être respectueux dans ces avances et reculs de matière obscure, ces petits ébats de feuilles mortes, ces gouttes peu nombreuses qui tombent graves et désolées dans le silence.
Vains hommages d'ailleurs!
Imperceptibles sont les mouvements de Sa face, imperceptibles.

LE SPORTIF AU LIT

Il est vraiment étrange que, moi qui me moque du patinage comme de je ne sais quoi, à peine je ferme les yeux, je vois une immense patinoire.
Et avec quelle ardeur je patine!
Après quelque temps, grâce à mon étonnante vitesse qui ne baisse jamais, je m'éloigne petit à petit des centres de patinage, les groupes de moins en moins nombreux s'échelonnent et se perdent. J'avance seul sur la rivière glacée qui me porte à travers le pays.
Ce n'est pas que je cherche des distractions dans le paysage. Non. Je ne me plais qu'à avancer dans l'étendue silencieuse, bordée de terres dures et noires, sans jamais me retourner, et, si souvent et si longtemps que je l'aie fait, je ne me souviens pas d'avoir jamais été fatigué, tant la glace est légère à mes patins rapides.

Nicht einmal die Schlangen sind ihm niedrig und kriechend genug, sogar an einer unbeweglichen Kiefer würde er Anstoß nehmen.
Darum ist alles, was an seinem Hofe (in unserm ärmlichen Kämmerchen!) erscheint, so unglaublich enttäuschend, daß der letzte Proletarier ihn nicht darum beneiden könnte.
Wer sonst freilich als mein König und ich, der ich daran gewöhnt bin, wäre wohl imstande, irgendein ehrerbietiges Lebewesen zu begreifen, dies Näherkommen und Zurückweichen dunkler Materie, dies kleine Getue welker Blätter, diese spärlichen Tropfen, die gewichtig und untröstlich in die Stille fallen.
Vergebliche Huldigung übrigens!
Unwahrnehmbar sind die Bewegungen Seines Antlitzes, unwahrnehmbar.

DER SPORTLER IM BETT

Es ist wirklich sonderbar, ich, der ich mir aus dem Schlittschuhlaufen nichts, aber auch gar nichts mache, – kaum schließe ich die Augen, sehe ich eine unermeßliche Eisbahn vor mir.
Und mit welcher Inbrunst ich dann Schlittschuh laufe!
Nach einiger Zeit komme ich dank meiner staunenswerten Schnelligkeit allmählich immer weiter von den Hauptplätzen fort, die immer kleiner werdenden Gruppen verlieren sich staffelweise. Allein gleite ich über den vereisten Fluß hin, der mich durch das Land trägt.
Dabei suche ich nicht etwa Ablenkungen in der Landschaft. Keineswegs. Ich finde lediglich Gefallen daran, über die lautlose, von schwarzem, hartem Erdreich gesäumte Fläche dahinzugleiten, ohne mich auch nur ein einziges Mal umzuwenden, und so oft und so lange ich das auch getan habe, ich kann mich nicht erinnern, jemals müde geworden zu sein, so leicht ist das Eis unter meinen schnellen Schlittschuhen.

*

Au fond je suis un sportif, le sportif au lit. Comprenez moi bien, à peine ai-je les yeux fermés que me voilà en action.
Ce que je réalise comme personne, c'est le plongeon. Je ne me souviens pas, même au cinéma, d'avoir vu un plongeon en fil à plomb comme j'en exécute. Ah, il n'y a aucune mollesse en moi dans ces moments.
Et les autres, s'il y a des compétiteurs, n'existent pas à côté de moi. Aussi n'est-ce pas sans sourire que j'assiste, quand exceptionnellement ça m'arrive, à des compétitions sportives. Ces petits défauts un peu partout dans l'exécution qui ne frappent pas le vulgaire appellent immédiatement l'attention du virtuose, ce ne sont pas encore ces gaillards-là, ces »Taris« ou d'autres qui me battront. Ils n'atteignent pas la vraie justesse.
Je puis difficilement expliquer la perfection de mes mouvements. Pour moi ils sont tellement naturels. Les trucs du métier ne me serviraient à rien, puisque je n'ai jamais appris à nager, ni à plonger. Je plonge comme le sang coule dans mes veines. Oh! glissement dans l'eau! Oh l'admirable glissement, on hésite à remonter. Mais je parle en vain. Qui parmi vous comprendra jamais à quel point on peut y circuler comme chez soi? Les véritables nageurs ne savent plus que l'eau mouille. Les horizons de la terre ferme les stupéfient. Ils retournent constamment au fond de l'eau.

*

Qui me connaissant croirait que j'aime la foule? C'est pourtant vrai que mon désir secret semble d'être entouré. La nuit venue, ma chambre silencieuse se remplit de

*

Im Grunde bin ich ein Sportler, ich bin der Sportler im Bett. Man verstehe mich recht, kaum sind meine Augen zu, so trete ich auch schon in Aktion.

Worin keiner mir gleichkommt, das ist der Kopfsprung. Nicht einmal im Kino erinnere ich mich jemals einen lotrechten Kopfsprung gesehen zu haben, wie ich ihn ausführe. Ah, in solchen Augenblicken ist auch nicht eine Spur von Schlaffheit in mir.

Und die andern, sofern es Mitbewerber gibt, existieren gar nicht neben mir. Weshalb ich mir denn auch, wenn es schon ausnahmsweise vorkommt, daß ich sportlichen Wettbewerben beiwohne, ein Lächeln nicht verkneifen kann. Diese kleinen Fehler, die sich allenthalben in der Ausführung zeigen, fallen dem Laien weiter nicht auf, aber der Blick des Könners wird sofort darauf aufmerksam; nein, diese Kerle da, diese »Schlappmacher« oder irgendwelche andere, werden mich schon nicht schlagen. Die wahre Genauigkeit erreichen sie nicht.

Es fällt mir schwer, die Vollkommenheit meiner Bewegungen zu erklären. Für mich sind sie ja derart natürlich. Die Berufstricks würden mir nichts nützen, denn ich habe niemals schwimmen gelernt oder tauchen. Ich tauche, wie das Blut durch meine Adern fließt. O das Hineingleiten ins Wasser! O das wunderbare Gleiten, man möchte gar nicht wieder nach oben kommen. Aber ich rede umsonst. Wer unter euch wird jemals verstehen, wie sehr man sich beim Herumtummeln dort unten zu Hause fühlen kann? Die wirklichen Schwimmer wissen gar nicht mehr, daß Wasser naß macht. Die Horizonte des Festlands setzen sie in Erstaunen. Sie kehren immer und immer wieder auf den Grund des Wassers zurück.

*

Wer, der mich kennt, würde glauben, daß ich die Menschenmenge liebe? Und doch ist es wahr, mein Sinn scheint insgeheim nach Umgebensein zu stehen. Nach Einbruch der Nacht

monde et de bruits; les corridors de l'hôtel paisible s'emplissent de groupes qui se croisent et se coudoient, les escaliers encombrés ne suffisent plus; l'ascenseur à la descente comme à la montée est toujours plein. Le boulevard Edgar-Quinet, une cohue jamais rencontrée s'y écrase, des camions, des autobus, des cars y passent, des wagons de marchandise y passent et comme si ça ne suffisait pas un énorme paquebot comme le »Normandie«, profitant de la nuit, est venu s'y mettre en cale sèche, et des milliers de marteaux frappent joyeusement sur sa coque qui demande à être réparée.
À ma fenêtre une énorme cheminée vomit largement une fumée abondante; tout respire la générosité des forces des éléments et de la race humaine au travail.
Quant à ma chambre qu'on trouve si nue, des tentures descendues du plafond lui donnent un air de foire, les allées et venues y sont de plus en plus nombreuses. Tout le monde est animé; on ne peut faire un geste sans rencontrer un bras, une taille, et enfin, étant donné la faible lumière, et le grand nombre d'hommes et de femmes qui tous craignent la solitude, on arrive à participer à un emmêlement si dense et extraordinaire qu'on perd de vue ses petites fins personnelles ..., c'est la tribu, ressuscitée, miraculeusement dans ma chambre, et l'esprit de la tribu, notre seul dieu, nous tient tous embrassés.

*

À peine ai-je les yeux fermés voilà qu'un gros homme est installé devant moi à une table. Gros, énorme plutôt, on n'en voit de pareils que dans les caricatures les plus poussées. Et je crois qu'il s'apprête à manger. Avec sa grande gueule que faire d'autre que de manger? Cependant il ne mange pas. C'est simplement un homme du type digestif qui donne constamment aux autres l'obsession de

beginnt mein stilles Zimmer sich mit Leuten und Geräuschen zu bevölkern; die Korridore des friedlichen Hotels füllen sich mit aneinander vorüberhastenden und sich stoßenden Gruppen, die überfüllten Treppenhäuser reichen nicht mehr aus; der Fahrstuhl, ob er hinunter- oder hinauffährt, ist immer voll. Durch den Boulevard Edgar Quinet quetscht sich ein niegesehenes Gewühl, Lastwagen, Omnibusse, Cars kommen hier durch, Güterwagen rollen vorbei, und als wäre das alles noch nicht genug, hat sich ein riesiger Ozeandampfer wie die »Normandie« im Schutze der Nacht ausgerechnet hier auf Trockendock gelegt, und Tausende von Hämmern klopfen munter auf seinem ausbesserungsbedürftigen Rumpf herum.
Vor meinem Fenster speit ein riesiger Schornstein freigiebig üppigen Rauch aus; alles atmet die Großmut der Elementarkräfte und des arbeitenden Menschengeschlechts.
Was mein Zimmer angeht, das man so kahl findet, so verleihen ihm die von der Decke abgelösten Wandbehänge etwas Jahrmarkthaftes, immer häufiger wird gekommen und gegangen. Alles hat Leben; man kann keine Geste machen, ohne auf einen Arm, eine Taille zu stoßen, und bei dem schwachen Licht und der großen Anzahl von Männern und Frauen, die allesamt die Einsamkeit fürchten, gelangt man schließlich dahin, an einem Gewirr teilzuhaben, das so dicht und außergewöhnlich ist, daß man seine kleinen persönlichen Ziele ganz aus den Augen verliert . . ., das ist der Stamm, der in meinem Zimmer wunderbarerweise wieder zum Leben erweckte, und der Stammesgeist, unser einziger Gott, hält uns alle umfangen.

*

Kaum habe ich die Augen geschlossen, so sitzt da auch schon ein dicker Mann vor mir an einem Tisch. Dick, enorm dick, nur auf den übertriebensten Karikaturen sieht man seinesgleichen. Und ich glaube, er will anfangen zu essen. Mit seinem großen Maul, was soll er da auch tun, wenn nicht essen? Indessen, er ißt nicht. Er ist einfach ein Mann des Verdauungstyps, der bei den andern stets die fixe Idee der Nahrungs-

la nourriture. Sa tête pose sa bestialité, ses épaules la déploient et la justifient. Certes il a beau jeu à s'affirmer devant moi, maigre, couché et sur le point de m'endormir, lui énorme, robuste et assis, comme seul un homme qui commande à plus de cent kilos de chair peut s'asseoir, et convaincu de ce qui est direct, et moi qui ne saisis que les reflets.
Mais entre lui et moi, rien. Il reste à sa table. Il ne se rapproche pas, ses gestes lents ne se rapprochent pas. Voilà, c'est tout jusqu'à présent, il ne peut davantage; je le sens; lui aussi le sent et tout pas qu'il ferait l'éloignerait.

*

Toute la longue nuit, je pousse une brouette ... lourde, lourde. Et sur cette brouette se pose un très gros crapaud, pesant ... pesant et sa masse augmente avec la nuit, atteignant pour finir l'encombrement d'un porc.
Pour un crapaud avoir une masse pareille est exceptionnel, garder une masse pareille est exceptionnel, et offrir à la vue et à la peine d'un pauvre homme qui voudrait plutôt dormir, la charge de cette masse est tout à fait exceptionnel.

*

De gigantesque élytres, et quelques énormes pattes d'insectes entrecroisées d'un vert éclatant, apparurent sur le mur de ma chambre, étrange panoplie.
Ces verts rutilants, segments, morceaux et membres divers ne se lièrent pas en forme de corps. Ils restèrent comme les dépouilles respectées d'un noble insecte qui succomba au nombre.

aufnahme auslöst. Sein Kopf setzt das Prinzip seiner Bestialität, seine Schultern entfalten und rechtfertigen es. Sicher ist es ihm ein leichtes, sich vor mir zu behaupten, vor mir, dem Mageren, der daliegt und gerade dabei ist einzuschlafen, er, der Enorme, Robuste, der dasitzt wie nur ein Mann, der über mehr als zweihundert Pfund Fleisch zu befehlen hat, dasitzen kann, er, durchdrungen von allem, was unmittelbar ist, und ich, der ich nur Reflektiertes begreife.

Doch zwischen ihm und mir: nichts. Er bleibt an seinem Tisch. Er rückt nicht näher, seine langsamen Gesten kommen nicht näher heran. Da sitzt er nun, das ist alles bis jetzt, mehr kann er nicht; ich spüre es; auch er spürt es, und jeder Schritt, den er täte, würde ihn nur entfernen.

*

Die ganze lange Nacht lang schiebe ich einen Schubkarren vor mir her . . . einen schweren, einen schweren. Und auf diesen Schubkarren hat sich eine sehr große Kröte gesetzt, so gewichtig, so gewichtig . . . und ihre Masse nimmt zu mit der Nacht und wächst sich zuletzt zu einem Schwein aus.

Für eine Kröte ist es etwas Außerordentliches, eine solche Masse zu haben, etwas Außerordentliches, eine solche Masse bewahren zu können, und die Last dieser Masse dem Blick und der Mühsal eines armen Menschen zuzumuten, der lieber schlafen möchte, das ist etwas ganz und gar Außerordentliches.

*

Riesenhafte Flügeldecken und mehrere enorme Insektenbeine, verschränkt und von leuchtendem Grün, erschienen auf der Wand meines Zimmers – eine seltsame Waffensammlung.

All das funkelnde Grün, diese Segmente, Teile und Glieder verbanden sich nicht untereinander in Gestalt eines Körpers. Sie blieben da wie die ehrfürchtig aufbewahrten Überreste eines vornehmen Insekts, das der Überzahl unterlag.

*

Le matin quand je me réveille, je trouve juché et misérablement aplati au haut de mon armoire à glace, un homme-serpent.
L'amas de membres contorsionnés, à la façon décourageante des replis de l'intestin, appartient-il tout entier à cette petite tête épuisée, accablée? Il faut le croire. Une jambe démesurée pend, traînant contre la glace une misère sans nom. Qu'est-ce qui la ramènera jamais en haut cette jambe en caoutchouc? Si imprévu que soit le nerf dans ces hommes qui semblent tout mous et désossés, cette jambe a fait sa dernière enjambée. Quel aplatissement est celui de l'homme-serpent! Il reste sans bouger. Pourquoi m'en occuper? c'est pas lui qui me semble bien désigné pour me tenir compagnie dans ma solitude et pour me donner enfin la réplique.
Attiré vers le bas par le poids d'invisibles haltères, écrasé par la compression d'on ne sait quel rouleau, il gît, haut placé, mais il gît.
Ainsi chaque matin. C'est lui qui »passe ma nuit.«

*

Cette nuit ça été la nuit des horizons. D'abord un bateau sur la mer surgit. Le temps était mauvais.
Ensuite la mer me fut cachée par un grand boulevard. Telle était sa largeur qu'il se confondait avec l'horizon. Des centaines d'automobiles passaient de front en tenant la gauche comme en Angleterre. Il me parut voir au loin sur la droite, mais ce n'est pas certain, une sorte d'agitation poussiéreuse et lumineuse qui pouvait être le passage d'autos en sens inverse.
Un viaduc traversait la route, et, comme elle, se perdait au loin. La magie qu'il y avait à conduire une auto sur cette route plus semblable à une province était extraordinaire.

*

Morgens, wenn ich aufwache, hockt oben auf meinem Spiegelschrank ein jämmerlich plattgedrückter Schlangenmensch.
Gehört dieses Gliederbündel, in der niederschlagenden Art von Darmwindungen verdreht, wirklich ganz und gar zu dem kleinen, erschöpften, bekümmerten Kopf? Man muß es annehmen. Ein übergroßes Bein hängt herunter und läßt namenlosen Jammer in den Spiegel fallen. Wer bringt es je wieder nach oben, dieses Gummibein? So unvorhergesehen solchen Menschen, die so ganz weich und knochenlos zu sein scheinen, Muskelkraft auch gegeben sein mag, dieses Bein hat seinen letzten Sprung getan. Dieser Schlangenmensch – welches Flachgedrücktsein! Er rührt sich nicht. Wozu mich mit ihm abgeben? Nicht er scheint mir dazu ausersehen, mir in meiner Einsamkeit Gesellschaft zu leisten und mir das Stichwort zu geben.
Niedergezogen vom Gewicht unsichtbarer Hanteln, überrollt vom Druck wer weiß welcher Walze, liegt er, hochgestellt, gewiß, aber er liegt.
So jeden Morgen. Er ist es, der »meine Nacht verbringt«.

*

Heute nacht war die Nacht der Horizonte. Zuerst tauchte auf dem Meer ein Schiff auf. Das Wetter war schlecht.
Dann wurde mir das Meer durch einen großen Boulevard verstellt. So breit war er, daß er mit dem Horizont verschmolz. Hunderte von Automobilen kamen vorn vorübergefahren, sie hielten sich links, wie in England. In der Ferne meinte ich auf der rechten Straßenseite, aber das ist nicht sicher, eine staubigschimmernde Bewegung zu sehen, die das Vorüberfahren von Autos in der Gegenrichtung sein konnte.
Ein Viadukt lief über die Straße und verlor sich wie sie in der Ferne. Die Magie, die darin lag, ein Automobil über diese Straße zu steuern, die eher wie eine Provinz aussah, war außerordentlich.

Je me trouvai ensuite, au pied d'un building. C'était un palais, un palais né d'un esprit royal et non de celui d'un misérable architecte arriviste. Ses centaines d'étages s'élevaient dans le silence parfait, aucun bruit ne venait ni d'en bas ni de l'intérieur, et le haut se perdait dans des vapeurs.
On montait par l'extérieur, par la façade principale, lentement; aucune fenêtre n'était animée d'un visage qui serait venu s'y pencher. Nulle curiosité, nul accueil, personne. Cependant rien de délaissé. Nous montions lentement vers le balcon royal encore inaperçu. Nous parcourûmes de la sorte bien deux cents étages mais la nuit, l'obscurité, au moment où l'on voyait enfin poindre dans le haut le rebord du balcon royal, se firent trop denses et nous fûmes contraints de redescendre.

*

C'était sur un grand lit qu'était posé ce bébé. À l'autre bout la mère exsangue, exténuée. Un chat avait sauté sur le lit et mis la patte en hésitant sur la figure du marmot. Ensuite vivement il donna trois petits coups de patte sur le nez rose et peu proéminent, qui saigna aussitôt, un sang rouge et bien plus grave que lui.
À l'autre bout du lit sous les couvertures épaisses la mère, la tête retenue dans la manchon de la fatigue, ne sait comment intervenir. Déjà le marbre fait en elle son froid, son poids, son poli.
Cependant le bébé en s'agitant vient de détacher son maillot sous l'œil intéressé du chat.
Comment pourra-t-elle intervenir, paralysée comme elle est. Certes le chat profita de la situation, qui dut être bien longue, car le chat aime méditer. Je ne sais ce qu'il fit exactement, mais je me souviens que comme il était occupé à donner de vifs et allègres coups de griffe sur la joue de

Dann stand ich am Fuße eines Hochhauses. Es war ein Palast, ein aus königlichem Geist und nicht aus dem Strebergeist eines jämmerlichen Erfolgsarchitekten geborener Palast. Seine Hunderte von Stockwerken erhoben sich in der vollkommenen Stille, auch nicht das leiseste Geräusch kam von unten oder aus dem Innern, und die Spitze verlor sich im Dunst.
Man stieg von außen empor, über die Hauptfassade, langsam; kein Fenster war von einem Gesicht belebt, das sich hinausgebeugt hätte. Keinerlei Neugier, keinerlei Empfang, niemand. Dennoch nichts von Verlassenheit. Wir stiegen langsam zu dem noch unerblickten Königsaltan empor. Wohl zweihundert Stockwerke erklommen wir auf diese Weise, aber in dem Augenblick, da man endlich hoch oben den Rand des Königsaltans vorspringen sah, wurden die Nacht, die Finsternis zu dicht, und wir sahen uns zum Abstieg genötigt.

*

Auf ein großes Bett war dieses Baby hingelegt. Am andern Ende die ausgeblutete, völlig entkräftete Mutter. Eine Katze war auf das Bett gesprungen und hatte zögernd eine Pfote auf das Gesicht des Würmchens gelegt. Dann versetzte sie ihm rasch drei kleine Schläge auf das rosafarbene, kaum vorspringende Näschen, das sofort blutete – es war rotes Blut, das viel mehr Gewicht zu haben schien als dieses.
Am andern Bettrand unter den dicken Decken, den Kopf in der Zwinge der Müdigkeit, weiß die Mutter nicht, wie sie helfen soll. Schon macht sich in ihrem Innern der Marmor fühlbar mit seiner Kälte, seiner Schwere, seiner Glätte.
Unterdessen hat das strampelnde Baby unter dem aufmerksamen Auge der Katze seine Windeln abgestreift.
Wie soll sie helfen können, gelähmt wie sie ist. Natürlich zog die Katze Vorteil aus der Situation, die wohl recht lange fortdauerte, denn Katzen meditieren gern. Ich weiß nicht, was sie eigentlich machte, doch ich erinnere mich, daß sie sich damit unterhielt, dem Kind lebhafte, rasche Krallenschläge auf die Wange zu versetzen, ich erinnere mich, daß die

l'enfant, je me souviens que la mère faute de pouvoir crier, dit dans un souffle désespéré et tendu »filain chat« (elle disait fi pour mettre plus de force), elle souffla ensuite dans la direction du chat le plus qu'elle put, puis s'arrêta horrifiée, comprenant, son souffle perdu, qu'elle venait de jeter sa dernière arme. Le chat toutefois ne se jeta pas sur elle. Ensuite je ne sais ce qu'il fit.

*

À la sortie de la gare, il n'y avait ni ville ni village, mais simplement une sorte de carré de terre battue face à la campagne, et aux terres en jachères. Au milieu de ce carré un cheval. Un énorme cheval brabançon avec de grosses touffes de poil aux pieds, et qui semblait attendre. Sur ses pattes, comme une maison sur ses quatre murs. Il portait une selle de bois. Enfin il tourna la tête légèrement, oh! très légèrement.
Je montai me retenant à la crinière fournie. Ce cheval si pesant arriva tout de même à détacher une patte du sol, puis l'autre et se mit en marche lentement, majestueusement, et semblant penser à autre chose.
Mais une fois la petite cour franchie, mis sans doute en confiance par l'absence de tout chemin, il s'adonna à sa nature qui était toute d'allégresse. Il fut évident aussi que les mouvements de ses pattes manquaient absolument de coordination.
Parfois le cheval pivotant sur lui-même rebroussait chemin pour suivre un alignement de cailloux ou sauter pardessus quelques fleurs, puis, peut-être gêné par la réputation qu'on eût pu lui faire d'après cela, il avisait un buisson bien haut, flairait, inspectait les lieux, s'éloignait en quelques bonds, revenait à toute allure et en général butait »pile« sur l'obstacle. Certes il aurait pu bien sauter mais c'était un nerveux.

Mutter, da sie nicht schreien konnte, in einer verzweifelten Atemanstrengung »pöse Katze« hauchte (sie sagte *pö*, um des stärkeren Nachdrucks willen), nachher pustete sie in der Richtung der Katze, so stark sie konnte, hielt aber dann entsetzt inne, denn sie begriff, daß sie mit ihrem Atem ihre letzte Waffe weggeworfen hatte. Die Katze stürzte sich jedoch nicht auf sie. Was sie nachher tat, weiß ich nicht.

*

Vor dem Ausgang des Bahnhofs gab es weder eine Stadt noch ein Dorf, sondern einfach eine Art Karree flachgestampften Lehmbodens, dem Land und den Brachäckern gegenüber. Inmitten dieses Karrees ein Pferd. Ein riesenhaftes brabantisches Pferd mit dicken Haarbüscheln an den Füßen; es schien zu warten. Auf seinen Beinen stand es wie ein Haus auf seinen vier Grundmauern. Es trug einen hölzernen Sattel. Endlich wandte es seinen Kopf, leicht, o so leicht.

Ich stieg auf und hielt mich dabei an der dichten Mähne fest. Dieses Pferd brachte es trotz seines Gewichtes fertig, ein Bein vom Boden zu lösen, dann das andere, und setzte sich langsam in Gang, majestätisch, es schien an etwas ganz anderes zu denken.

Aber nachdem es den kleinen Hof durchschritten hatte und das Fehlen jeglichen Weges offenbar sein Selbstvertrauen weckte, überließ es sich seiner Natur, die durch und durch Fröhlichkeit war. Dabei wurde offenkundig, daß die Bewegungen seiner Beine jeglicher Koordination entbehrten.

Manchmal drehte sich das Pferd um sich selbst, machte kehrt, um eine Reihung von Steinen zu verfolgen oder über ein paar Blumen zu springen, dann, vielleicht wegen des schlechten Rufes, den ihm das hätte einbringen können, faßte es einen recht hohen Strauch ins Auge, schnupperte herum, prüfte die Lage, wich mit ein paar Sprüngen zurück, kam in vollem Galopp wieder vorgeprescht und bockte im allgemeinen »stocksteif« vor dem Hindernis. Gewiß wäre es wohl fähig gewesen, zu springen, aber es war eben ein nervöser Typ.

Après deux heures de pas et de trot, il n'y avait toujours aucune ferme en vue.
Comme la nuit tombait, nous fûmes entourés d'une infinité de petites juments.

SOUS LE PHARE OBSÉDANT DE LA PEUR

Ce n'est encore qu'un petit halo, personne ne le voit, mais lui, il sait que de là viendra l'incendie, un incendie immense va venir, et lui, en plein cœur de ça, il faudra qu'il se débrouille, qu'il continue à vivre comme auparavant (Comment ça va-t-il? Ça va et vous-même?) ravagé par le feu consciencieux et dévorateur.

*

Il est devant lui un tigre immobile. Il n'est pas pressé. Il a tout son temps. Il a ici son affaire. Il est inébranlable.

*

... et la peur n'excepte personne.
Quand un poisson des grandes profondeurs, devenu fou, nage anxieusement vers les poissons de sa famille à six cents mètres de fond, les heurte, les réveille, les aborde l'un après l'autre:
»Tu n'entends pas de l'eau qui coule, toi?«
»Et ici on n'entend rien?«
»Vous n'entendez pas quelque chose qui fait ›tche‹, non, plus doux: tchii, tchii?«
»Faites attention, ne remuez pas, on va l'entendre de nouveau.«
Oh Peur, Maître atroce!
Le loup a peur du violon. L'éléphant a peur des souris, des porcs, des pétards, et l'agouti tremble en dormant.

Nach zwei Stunden im Schritt und im Trab war noch immer kein Bauernhof in Sicht.
Als die Nacht hereinbrach, wurden wir von unendlich vielen kleinen Stuten umringt.

UNTER DEM UNERBITTLICHEN SCHEINWERFER DER FURCHT

Noch ist es nur ein kleiner Lichtschein, niemand sieht ihn, er aber, er weiß, von dort wird die Feuersbrunst kommen, eine unermeßliche Feuersbrunst wird kommen, und er, mitteninne, er wird sich darin zurechtfinden müssen, er wird weiterleben müssen wie vorher (»Wie geht es Ihnen?« – »Es geht, und Ihnen?«), verheert von dem gewissenhaften und gefräßigen Feuer.

*

Vor ihm ist ein unbeweglicher Tiger. Der hat es nicht eilig. Der hat Zeit. Der hat hier zu tun. Der läßt sich nicht erschüttern.

*

. . . und niemand bleibt von der Furcht verschont.
Wenn ein Tiefseefisch verrückt wird und ängstlich zu den Fischen seiner Familie schwimmt, in sechshundert Metern Tiefe, sie anstößt, sie weckt, sie einen nach dem andern anspricht:
»Du, hörst du nicht Wasser, das da strömt?«
»Und hier, hört man hier nichts?«
»Hört ihr nicht etwas, das ›tschäh‹ macht, nein leiser: ›Tschii, tschii‹?«
»Gebt acht, rührt euch nicht, es wird gleich wieder zu hören sein.«
O Furcht, grausamer Meister!
Der Wolf hat Furcht vor der Geige. Der Elefant hat Furcht vor den Mäusen, den Schweinen, den Knallfröschen, und das Aguti zittert, wenn es schläft.

Deutsch von Paul Celan

DIE VERLANGSAMTE

La Ralentie (1937)

Ralentie, on tâte le pouls des choses; on y ronfle; on a tout le temps; tranquillement, toute la vie. On gobe les sons, on les gobe tranquillement; toute la vie. On vit dans son soulier. On y fait le ménage. On n'a plus besoin de se serrer. On a tout le temps. On déguste. On rit dans son poing. On ne croit plus qu'on sait. On n'a plus besoin de compter. On est heureuse en buvant; on est heureuse en ne buvant pas. On fait la perle. On est, on a le temps. On est la ralentie. On est sortie des courants d'air. On a le sourire du sabot. On n'est plus fatiguée. On n'est plus touchée. On a des genoux au bout des pieds. On n'a plus honte sous la cloche. On a vendu ses monts. On a posé son œuf, on a posé ses nerfs.
Quelqu'un dit. Quelqu'un n'est plus fatigué. Quelqu'un n'écoute plus. Quelqu'un n'a plus besoin d'aide. Quelqu'un n'est plus tendu. Quelqu'un n'attend plus. L'un crie. L'autre obstacle. Quelqu'un roule, dort, coud, est-ce toi, Lorellou?

Ne peut plus, n'a plus part à rien, quelqu'un.

Quelque chose contraint quelqu'un.

Soleil, ou lune, ou forêts, ou bien troupeaux, foules ou villes, quelqu'un n'aime pas ses compagnons de voyages. N'a pas choisi, ne reconnaît pas, ne goûte pas.

Princesse de marée basse a rendu ses griffes; n'a plus le courage de comprendre; n'a plus le cœur à avoir raison.
... Ne résiste plus. Les poutres tremblent et c'est vous. Le ciel est noir et c'est vous. Le verre casse et c'est vous.

DIE VERLANGSAMTE

Verlangsamt fühlt man den Dingen den Puls; schnarcht in ihnen; läßt sich Zeit; in aller Ruhe, sein Leben lang. Schlürft die Töne und Laute, schlürft sie in aller Ruhe; sein Leben lang. Man lebt in seinem Schuh. Besorgt sein Hauswesen darin. Braucht sich nicht mehr zusammenzudrücken. Hat Zeit und Zeit. Probiert, wie's schmeckt. Lacht sich ins Fäustchen. Glaubt nicht mehr, daß man Bescheid weiß. Braucht nicht mehr zu zählen. Ist glücklich, wenn man trinkt; ist glücklich, wenn man nicht trinkt. Verperlt sich. Ist, hat Zeit. Ist die Verlangsamte. Ist heraus aus dem Luftzug. Lächelt das Holzschuhlächeln. Ist nicht mehr müde. Wird nicht mehr berührt. Hat Knie an den Fußspitzen. Schämt sich nicht mehr unter der Glocke. Hat seine Berge verkauft. Hat sein Ei abgesetzt, hat seine Nerven weggetan.
Jemand sagt. Jemand ist nicht mehr müde. Jemand hört nicht mehr hin. Jemand braucht keine Hilfe mehr. Jemand ist nicht mehr gespannt. Jemand wartet nicht mehr. Der eine schreit. Der andre hindernißt. Jemand rollt, schläft, näht, immerzu – bist du's, Lorellou?

Kann nicht mehr, hat an nichts mehr teil, irgendwer.

Irgendwas nötigt irgendwen.

Sonne, oder Mond, oder Wälder, oder auch Herden, Menschenmengen, oder auch Städte – jemand mag seine Reisegefährten nicht. Hat keine Wahl getroffen, erkennt nicht wieder, gewinnt keinerlei Geschmack ab.

Ebbenprinzessin streckt die Krallen; hat nicht mehr den Mut zum Begreifen; hat nicht mehr das Herz zum Rechthaben.

. . . Widersteht nicht mehr. Die Balken zittern, und das bist du. Der Himmel ist schwarz, und das bist du. Das Glas zerbricht, und das bist du.

On a perdu le secret des hommes.

Ils jouent la pièce »en étranger«. Un page dit »Beh« et un mouton lui présente un plateau. Fatigue! Fatigue! Froid partout!

Oh! fagots de mes douze ans, où crépitez-vous maintenant?

On a son creux ailleurs.

On a cédé sa place à l'ombre, par fatigue, par goût du rond. On entend au loin la rumeur de l'Asclépiade, la fleur géante.

... ou bien une voix soudain vient vous brâmer au cœur.

On recueille ses disparus, venez, venez.

Tandis qu'on cherche sa clef dans l'horizon, on a la noyée au cou, qui est morte dans l'eau irrespirable.

Elle traîne. Comme elle traîne! Elle n'a cure de nos soucis. Elle a trop de désespoir. Elle ne se rend qu'à sa douleur. Oh, misère, oh, martyr, le cou serré sans trêve par la noyée.

On sent la courbure de la Terre. On a désormais les cheveux qui ondulent naturellement. On ne trahit plus le sol, on ne trahit plus l'ablette, on est sœur par l'eau et par la feuille. On n'a plus le regard de son œil, on n'a plus la main de son bras. On n'est plus vaine. On n'envie plus. On n'est plus enviée.

On ne travaille plus. Le tricot est là, tout fait, partout.

Abhanden gekommen das Geheimnis der Menschen.

Sie spielen das Stück *en étranger*. Ein Page macht »Bäh«, und ein Schaf präsentiert ihm einen Servierteller. Müdigkeit! Müdigkeit! Kälte allüberall!

Oh, als ich zwölf war, ihr Reisigbündel von damals, wo knistert es jetzt, euer Feuer?

Man hat sein Wohnloch woanders gegraben.

Hat seinen Platz dem Dunkel überlassen, aus Müdigkeit, aus Lust am Runden. Hört, wie sich fern die Asklepie regt, die Riesenblume.

... oder eine Stimme kommt, jäh, und röhrt dir im Herzen.

Man sucht seine Vermißten zusammen, kommt, kommt.

Während man den Horizont nach seinem Schlüssel absucht, hat man die Ertrunkene am Hals, die im nicht atembaren Wasser ums Leben Gekommene.

Die Saumselige, wie sie säumt! Macht sich nichts aus unsern Sorgen. Hegt zuviel Verzweiflung dazu. Ergibt sich ihrem Schmerz, ihm und nur ihm. O Elend, o Marter, den Hals unaufhörlich gewürgt von der Ertrunkenen.

Man spürt die Krümmung der Erde. Hat fortan natürlich gewelltes Haar. Verrät nicht mehr den Boden, verrät nicht mehr den Weißfisch, ist Schwester von des Wassers und des Blattes Gnaden. Hat nicht mehr den Blick seines Auges, hat nicht mehr die Hand seines Arms. Ist nicht mehr eitel. Beneidet nicht mehr. Wird nicht mehr beneidet.

Man arbeitet nicht mehr. Das Strickhemd liegt bereit, überall fertiggestrickt, bis auf die letzte Masche.

On a signé sa dernière feuille, c'est le départ des papillons.

On ne rêve plus. On est rêvée. Silence.

On n'est plus pressée de savoir.

C'est la voix de l'étendue qui parle aux ongles et à l'os.

Enfin chez soi, dans le pur, atteinte du dard de la douceur.

On regarde les vagues dans les yeux. Elles ne peuvent plus tromper. Elles se retirent déçues du flanc du navire. On sait, on sait les caresser. On sait qu'elles ont honte, elles aussi.

Épuisées, comme on les voit, comme on les voit désemparées!

Une rose descend de la nue et s'offre au pèlerin; parfois, rarement, combien rarement. Les lustres n'ont pas de mousse, ni le front de musique.

Horreur! Horreur sans objet!

Loques des cieux et de la terre, monde avalé sans profit, sans goût, et rien que pour avaler.

Une veilleuse m'écoute. »Tu dis«, fait-elle, »tu dis la juste vérité, voilà ce que j'aime en toi.« Ce sont les propres paroles de la veilleuse.

On m'enfonçait dans des cannes creuses. Le monde se vengeait. On m'enfonçait dans des cannes creuses, dans

Man hat sein letztes Blatt unterschrieben. Schmetterlingsaufbruch.

Man träumt nicht mehr. Ist die Geträumte. Stille.

Hat es nicht mehr eilig mit dem Wissenwollen.

Es ist die Stimme der Ausdehnung, die da zu den Fingernägeln spricht und zum Knochen.

Endlich bei sich, im Reinen, getroffen vom Stachel des Süß-und-Sachten.

Man sieht den Wellen ins Auge. Sie können einem nichts mehr vormachen. Enttäuscht, ziehn sie sich von der Flanke des Schiffs zurück. Man weiß, man weiß sie zu liebkosen. Man weiß, daß sie sich schämen, daß auch *sie* sich schämen.

Die ermatteten, wie hat man sie doch vor Augen, ja vor Augen, die zerrütteten!

Eine Rose kommt niedergeschwebt aus der Wolke und reicht sich dem Pilger dar – manchmal, selten, wie so selten. Kein Moos mehr an den Lüstern, keine Musik mehr auf der Stirn.

Grauen! Gegenstandsloses Grauen!

Himmelsfetzen, Erdfetzen, um des bloßen Schluckens willen nutzlos, lustlos heruntergeschluckte Welt.

Ein Nachtlicht lauscht mir. »Du sagst«, hör ich es sagen, »du sagst die genaue Wahrheit, das ist's, was ich liebe an dir.« Das sind des Nachtlichts allereigenste Worte.

In hohle Stöcke steckte man mich. Die Welt nahm Rache. In hohle Stöcke steckte man mich, in die Nadeln von Injektions-

des aiguilles de seringues. On ne voulait pas me voir arriver au soleil où j'avais pris rendez-vous.

Et je me disais: »Sortirai-je? Sortirai-je? Ou bien ne sortirai-je jamais? jamais?« Les gémissements sont plus forts loin de la mer, comme quand le jeune homme qu'on aime s'éloigne d'un air pincé.

Il est d'une grande importance qu'une femme se couche tôt pour pleurer, sans quoi elle serait trop accablée.

À l'ombre d'un camion pauvoir manger tranquillement. Je fais mon devoir, tu fais le tien et d'attroupement nulle part.

Silence! Silence! Même pas vider une pêche. On est prudente, prudente.

On ne va pas chez le riche. On ne va pas chez le savant. Prudente, lovée dans ses anneaux.

Les maisons sont des obstacles. Les déménageurs sont des obstacles. La fille de l'air est un obstacle.

Rejeter, bousculer, défendre son miel avec son sang, évincer, sacrifier, faire périr ... Pet parmi les aromates renverse bien des quilles.

Oh, fatigue, effort de ce monde, fatigue universelle, inimitié!

Lorellou, Lorellou, j'ai peur ... Par moments l'obscurité, par moments les bruissements.

Écoute. J'approche des rumeurs de la Mort.

spritzen. Wollte nicht haben, daß ich an die Sonne gelangte, wo ich mich verabredet hatte.

»Komme ich da heraus«, sagte ich mir, »komme ich hier jemals frei? oder niemals, niemals?« Weit vom Meer, da wird das Stöhnen lauter, wie wenn der junge Mensch, den man liebt, sich unmutig entfernt.

Es ist von großer Wichtigkeit, daß eine Frau sich frühzeitig zum Weinen hinlegt; sonst drückt die Last sie zu schwer.

Ruhig essen können im Schatten eines Lastwagens. Ich tue meine Pflicht, du tust die deine, und nirgends ein Menschenauflauf.

Stille! Stille! Nicht einmal einen Pfirsich entkernen. Vorsichtig ist man, vorsichtig.

Man geht nicht zum Reichen. Man geht nicht zum Gelehrten. Ich Vorsichtige, in den eigenen Ringen Zusammengerollte.

Die Häuser sind Hindernisse. Die Umziehleute sind Hindernisse. Die Tochter der Luft – ein Hindernis.

Seinen Honig zurück- und hin- und herwerfen und verteidigen mit seinem Blut, verdrängen, hinopfern, ums Leben bringen ... Furz unter Wohlgerüchen wirft so manchen Kegel um.

O Müdigkeit, Mühe dieser Welt, alles umfassende Müdigkeit, Feindschaft!

Lorellou, ich fürchte mich, Lorellou ... Bisweilen die Finsternis, bisweilen das Rauschen.

Hör zu. Ich nähere mich den Geräuschen des Todes.

Tu as éteint toutes mes lampes.

L'air est devenu tout vide. Lorellou.

Mes mains, quelle fumée! Si tu savais ... Plus de paquets, plus porter, plus pouvoir. Plus rien, petite.

Expérience: misère; qu'il est fou le porte-drapeau!

... et il y a toujours le détroit à franchir.

Mes jambes, si tu savais, quelle fumée!

Mais j'ai sans cesse ton visage dans la carriole ...

Avec une doublure de canari, ils essayaient de me tromper. Mais, moi sans trêve, je disais: »Corbeau! Corbeau!« Ils se sont lassés.

Écoute, je suis plus qu'à moitié dévorée. Je suis trempée comme un égout.

Pas d'année, dit grand-père, pas d'année où je vis tant de mouches. Et il dit la vérité. Il la dit sûrement ... Riez, riez petits sots, jamais ne comprendrez que de sanglots il me faut pour chaque mot.

Le vieux cygne n'arrive plus à garder son rang sur l'eau.

Il ne lutte plus. Des apparences de lutte seulement.

Non, oui, non. Mais oui, je me plains. Même l'eau soupire en tombant.

Hast alle meine Lampen ausgelöscht.

Ganz leer geworden ist die Luft. Lorellou.

Meine Hände – welch ein Rauch! Wenn du wüßtest ... Keine Pakete mehr, kein Tragen, kein Können. Nichts mehr, Kleines.

Erfahrung: Elend; ist aber ein Verrückter, der Fahnenträger!

... und immer noch die zu passierende Meeresenge.

Meine Beine, wenn du wüßtest, welch ein Rauch!

Aber dein Gesicht, das habe ich mit im Handwagen, unaufhörlich ...

Mich hinters Licht führen, das wollten sie, mit dem Abklatsch eines Kanarienvogels. Aber ich, ich sagte immerzu: »Rabe du! Rabe!« Bis sie abließen davon.

Hör zu, zerfressen bin ich schon zur Hälfte und drüberhinaus. Und naß durch und durch, abwassernaß.

»Ein solches Fliegenjahr wie dieses jetzt, das erleb ich zum ersten Mal«, meint Großvater. Und er sagt die Wahrheit. Sagt sie, ganz bestimmt. Lacht nur, ihr Dummchen, ja lacht nur. Was es braucht, um jedes Wort hier zusammenzuschluchzen, das begreift ihr nie.

Alter Schwan auf dem Wasser – er kommt nicht mehr mit.

Kämpft sich nicht mehr zurück. Lauter Als-ob-Kämpfe.

Nein, ja, nein. Ja doch, ich klag und beklag mich. Sogar das Wasser stöhnt im Herabstürzen.

Je balbutie, je lape la vase à présent. Tantôt l'esprit du mal, tantôt l'événement ... J'écoutais l'ascenseur. Tu te souviens, Lorellou, tu n'arrivais jamais à l'heure.

Forer, forer, étouffer, toujours la glacière-misère. Répit dans la cendre, à peine, à peine; à peine on se souvient.

Entrer dans le noir avec toi, comme c'était doux, Lorellou ...

Ces hommes rient. Ils rient.
Ils s'agitent. Au fond, ils ne dépassent pas un grand silence.
Ils disent »là«. Ils sont toujours »ici«.
Pas fagotés pour arriver.
Ils parlent de Dieu, mais c'est avec leurs feuilles.
Ils ont des plaintes. Mais c'est le vent.
Ils ont peur du désert.

... Dans la poche du froid et toujours la route aux pieds.

Plaisirs de l'Arragale, vous succombez ici. En vain tu te courbes, tu te courbes, son de l'olifant, on est plus bas, plus bas ...

Dans le souterrain, les oiseaux volèrent après moi, mais je me retournai et dis: »Non. Ici, souterrain. Et la stupeur est son privilège.«

Ainsi je m'avançai seule, d'un pas royal.

Autrefois quand la Terre était solide, je dansais, j'avais confiance. À présent, comment serait-ce possible? On détache un grain de sable et toute la plage s'effondre, tu sais bien.

Ich stottre jetzt, ich lecke den Schlamm auf. Bald ist's der Geist des Bösen, bald das Geschehnis ... Ich lauschte zum Aufzug hinüber. Weißt du noch, Lorellou, pünktlich, das warst du nie.

Bohren, bohren, drosseln, der Eisschrank Elend, immerzu. Atempause in der Asche, kaum, kaum; kaum daß man sich erinnert.

Das Ins-Dunkel-Treten mit dir, Lorellou, wie weich das war, du ...

Diese Männer da lachen. Sie lachen.
All ihr Hin und Her. Im Grunde kommen sie nicht über ein großes Schweigen hinaus.
»Dort«, sagen sie. Und sind stets »hier«.
Nicht zum Ankommen herausgeputzt.
Sie reden von Gott, aber mit ihren Blättern.
Haben Klagen. Aber das ist der Wind.
Fürchten sich vor der Wüste.

... Im Kältesack drin, und der Weg unterm Fuß, der Weg.

Ihr Arragal-Freuden, hier ist's um euch geschehn. Umsonst biegst du den Ton herunter, Elfenbeinhorn, hier, da bin ich unten, tiefer, noch tiefer ...

Im unterirdischen Gang, da flogen die Vögel hinter mir her, aber ich wandte mich um und sagte: »Nein. Hier – unterirdischer Gang. Und die Betroffenheit sein Privileg.«

So kam ich voran, allein, im Königsschritt.

Früher, als die Erde noch fest war, da tanzte ich, da hatte ich Vertrauen. Doch jetzt, wie sollte ich da? Man löst ein Sandkorn heraus, und der ganze Strand fällt auseinander, du weißt's ja.

Fatiguée on pèle du cerveau et on sait qu'on pèle, c'est le plus triste.

Quand le malheur tire son fil, comme il découd, comme il découd!

»Poursuivez le nuage, attrapez-le, mais attrapez-le donc«, toute la ville paria, mais je ne pus l'attraper. Oh, je sais, j'aurais pu ... un dernier bond ... mais je n'avais plus le goût. Perdu l'hémisphère, on n'est plus soutenue, on n'a plus le cœur à sauter. On ne trouve plus les gens où ils se mettent. On dit: »Peut-être. Peut-être bien«, on cherche seulement à ne pas froisser.

Écoute, je suis l'ombre d'une ombre qui s'est enlisée.

Dans tes doigts, un courant si léger, si rapide, où est-il maintenant, ... où coulaient des étincelles. Les autres ont des mains comme de la terre, comme un enterrement.

Juana, je ne puis rester, je t'assure. J'ai une jambe de bois dans la tire-lire à cause de toi. J'ai le cœur crayeux, les doigts morts à cause de toi.

Petit cœur en balustrade, il fallait me retenir plus tôt. Tu m'as perdu ma solitude. Tu m'as arraché le drap. Tu as mis en fleur mes cicatrices.

Elle a pris mon riz sur mes genoux. Elle a craché sur mes mains.

Müde. Und das Gehirn blättert ab, und man weiß, daß man sich schält, und das ist das traurigste daran.

Wenn das Unglück seinen Faden auszieht, wie's da auftrennt und auftrennt!

»Geh, lauf, fang sie doch, die Wolke, so fang sie doch ein.« Die ganze Stadt ging Wetten ein, aber ich konnte sie nicht erhaschen. Ach ja, ich weiß, ich hätte sie erhaschen können ... Ein allerletzter Sprung ... Aber mir war nicht danach. Wenn da eine die Hemisphäre unter den Füßen verloren hat, dann hat sie keinen Halt mehr, hat nicht mehr das Herz, um zu springen. Findet die Leute nicht mehr da, wo sie sich hinstellen. Sagt: »Vielleicht. Kann gut sein« – sucht bloß, ja niemanden zu verletzen.

Hör zu, ich bin der Schatten eines Schattens, der versunken ist im Schlamm.

In deinen Fingern, dieses so leichte, so schnelle Strömen, wo ist es hin ... wo lauter Funken strömten. Die Hände der andern – wie Erde, wie eine Beerdigung.

Juana, ich kann nicht länger hier bleiben, wirklich nicht. Einen Holzfuß hab ich, der steckt in der Sparbüchse, deinetwegen. Und ein kreidiges Herz, und abgestorbene Finger, deinetwegen.

Kleines balustradenförmiges Herz, hättest mich beizeiten zurückhalten sollen. Hast mich um meine Einsamkeit gebracht. Hast mir das Laken fortgerissen. Hast mir die Narben zur Blüte getrieben.

Von meinen Knien genommen hat sie mir meinen Reis. Auf die Hände hat sie mir gespuckt.

Mon lévrier a été mis dans un sac. On a pris la maison, entendez-vous, entendez-vous le bruit qu'elle fit, quand, à la faveur de l'obscurité, ils l'emportèrent, me laissant dans le champ comme une borne. Et je souffris grand froid.

Ils m'étendirent sur l'horizon. Ils ne me laissèrent plus me relever. Ah! Quand on est pris dans l'engrenage du tigre ...

Des trains sous l'océan, quelle souffrance! Allez, ce n'est plus être au lit, ça. On est princesse ensuite, on l'a mérité.

Je vous le dis, je vous le dis, vraiment là où je suis, je connais aussi la vie. Je la connais. Le cerveau d'une plaie en sait des choses. Il vous voit aussi, allez, et vous juge tous, tant que vous êtes.

Oui, obscur, obscur, oui inquiétude. Sombre semeur. Quelle offrande! Les repères s'enfuirent à tire d'aile. Les repères s'enfuient à perte de vue, pour le délire, pour le flot.

Comme ils s'écartent les continents, comme ils s'écartent pour nous laisser mourir! Nos mains chantant l'agonie se desserrèrent, la défaite aux grandes voiles passa lentement.

Juana! Juana! Si je me souviens ... Tu sais quand tu disais, tu sais, tu le sais pour nous deux, Juana! Oh! ce départ! Mais pourquoi? Pourquoi? Vide? Vide, vide, angoisse; angoisse, comme un seul grand mât sur la mer.

In einen Sack gesteckt hat man meinen Windhund. Fortgenommen hat man mir mein Haus, hört ihr, hört ihr, wie laut es war, als sie's davontrugen im Schutze der Dunkelheit und mich da ließen, auf dem Feld, wie einen Grenzstein. Und große Kälte litt ich.

Auf den Horizont, dahin legten sie mich. Ließen nicht zu, daß ich mich erhob. Oh, wer da einmal dem Tiger ins Gehege kam . . .

Züge unterm Ozean, wie schmerzhaft! Laßt gut sein, das ist kein Im-Bett-Liegen mehr. Eine Prinzessin, das ist man nachher, und hat's verdient.

Ich sag's euch, ich sag's euch, da, wo ich bin, auch da erleb ich das Leben. Erleb ich's und kenn ich's. Das Hirn einer Wunde, was das nicht alles weiß. Es sieht euch alle, laßt's gut sein, und beurteilt euch alle, so zahlreich ihr auch sein mögt.

Ja finster und finster, ja Unruh. Dunkler Sämann. Welch eine Opferspende. Die Merkzeichen machen sich davon, flugs waren sie fort. Die Merkzeichen eilen davon, so weit das Auge reicht, wahnhin, fluthin.

Wie sie auseinanderrücken, die Kontinente, wie sie Raum geben, um uns sterben zu lassen! Unsre Hände – beim Singen der Agonie, da entklammerten sie sich; langsam, mit großen Segeln, steuerte die Niederlage hindurch.

Juana! Juana! Ob ich mich erinnre . . . Du weißt, wie du damals sagtest, du weißt, du weißt's für uns beide. Juana! O dieser Aufbruch! Doch warum? Warum? Leere? Leere, Leere, Angst. Angst, wie ein einziger großer Mast überm Meer.

Hier, hier encore, hier, il y a trois siècles; hier, croquant ma naïve espérance, hier, sa voix de pitié rasant le désespoir, sa tête soudain rejetée en arrière, comme un hanneton renversé sur les élytres, dans un arbre qui subitement s'ébroue au vent du soir, ses petits bras d'anémone, aimant sans serrer, volonté comme l'eau tombe ...

Hier, tu n'avais qu'à étendre un doigt, Juana; pour nous deux, pour tous deux, tu n'avais qu'à étendre un doigt.

Gestern, gestern noch, gestern, vor drei Jahrhunderten; gestern, mit meiner einfältigen Hoffnung unterm Zahn, gestern, ihre Stimme zum Erbarmen nah an der Verzweiflung, ihr jählings zurückgeworfener Kopf, wie ein auf seine Flügeldecken gefallener Maikäfer, in einem Baum, der plötzlich aufschnaubt im Abendwind, ihre Windröschen-Arme, die liebten und nicht schnürten, Wille wie stürzendes Wasser ...

Gestern, da brauchtest du nur einen Finger auszustrecken, Juana; für uns zwei, für uns beide, nur einen Finger.

Deutsch von Kurt Leonhard

ICH SCHREIBE DIR AUS EINEM FERNEN LAND

Je vous écris d'un Pays Lointain (1937)

»JE VOUS ÉCRIS D'UN PAYS LOINTAIN«

1

Nous n'avons ici, dit-elle, qu'un soleil par mois, et pour peu de temps. On se frotte les yeux des jours à l'avance. Mais en vain. Temps inexorable. Soleil n'arrive qu'à son heure.
Ensuite on a un monde de choses à faire, tant qu'il y a de la clarté, si bien qu'on a à peine le temps de se regarder un peu.
La contrariété pour nous dans la nuit, c'est quand il faut travailler, et il le faut: il naît des nains continuellement.

2

Quand on marche dans la campagne, lui confie-t-elle encore, il arrive que l'on rencontre sur son chemin des masses considérables. Ce sont des montagnes et il faut tôt ou tard se mettre à plier les genoux. Rien ne sert de résister, on ne pourrait plus avancer, même en se faisant du mal.
Ce n'est pas pour blesser que je le dis. Je pourrais dire d'autres choses si je voulais vraiment blesser.

3

L'aurore est grise ici, lui dit-elle encore. Il n'en fut pas toujours ainsi. Nous ne savons qui accuser.
Dans la nuit le bétail pousse de grands mugissements, longs et flûtés pour finir. On a de la compassion, mais que faire?
L'odeur des eucalyptus nous entoure: bienfait, sérénité, mais elle ne peut préserver de tout, ou bien pensez-vous qu'elle puisse réellement préserver de tout?

»ICH SCHREIBE DIR AUS EINEM FERNEN LAND«

1

Wir haben hier, sagt sie, nur einmal im Monat Sonne, und nur für kurze Frist. Tage vorher reibt man sich schon die Augen. Doch vergebens. Unerbittliche Zeit. Sonne kommt erst, wenn die Stunde kommt.
Dann hat man alle Hände voll zu tun, solange es hell ist, so daß man kaum Zeit hat, einander ein wenig anzuschaun.
Das Verdrießliche, das die Nacht für uns hat, zeigt sich, wenn man arbeiten muß, und das muß man: es werden Zwerge geboren, in einem fort.

2

Wenn man über die Felder wandert, vertraut sie ihm weiter an, so kommt es vor, daß man unterwegs auf beträchtliche Erdmassen stößt. Es sind Berge, und früher oder später wird man in die Knie gehen müssen. Widerstehen hat keinen Zweck, man käme einfach nicht voran, selbst unter Schmerzen.
Nicht um zu verletzen, sage ich das. Ich könnte ganz andere Dinge sagen, wenn ich wirklich verletzen wollte.

3

Das Morgenlicht ist grau hier, fährt sie fort. Das war nicht immer so. Wir wissen nicht, wem wir die Schuld geben sollen.
In der Nacht stößt das Vieh oft lautes Gebrüll aus, langgezogene und zuletzt dünne und hohe Laute. Man empfindet Mitleid, aber was tun?
Der Geruch der Eukalyptusbäume umgibt uns: Wohltat, Seelenfrieden, aber vor allem bewahren, das kann er nicht –, oder glaubst du, er könnte wirklich bewahren vor allem?

4

Je vous ajoute encore un mot, une question plutôt.
Est-ce que l'eau coule aussi dans votre pays? (je ne me souviens pas si vous me l'avez dit) et elle donne aussi des frissons, si c'est bien elle.
Est-ce que je l'aime? Je ne sais. On se sent si seule dedans quand elle est froide. C'est tout autre chose quand elle est chaude. Alors? Comment juger? Comment jugez-vous vous autres, dites-moi, quand vous parlez d'elle sans déguisement, à cœur ouvert?

5

Je vous écris du bout du monde. Il faut que vous le sachiez. Souvent les arbres tremblent. On recueille les feuilles. Elles ont un nombre fou de nervures. Mais à quoi bon? Plus rien entre elles et l'arbre, et nous nous dispersons gênées.
Est-ce que la vie sur terre ne pourrait pas se poursuivre sans vent? Ou faut-il que tout tremble, toujours, toujours.
Il y a aussi des remuements souterrains, et dans la maison comme des colères qui viendraient au-devant de vous, comme des êtres sévères qui voudraient arracher des confessions.
On ne voit rien, que ce qu'il importe si peu de voir. Rien, et cependant on tremble. Pourquoi?

6

Nous vivons toutes ici la gorge serrée. Savez-vous que, quoique très jeune, autrefois j'étais plus jeune encore, et mes compagnes pareillement. Qu'est-ce que cela signifie? Il y a là sûrement quelque chose d'affreux.
Et autrefois quand, comme je vous l'ai déjà dit, nous étions

4

Ich füge noch ein Wort hinzu für Dich, eine Frage vielmehr.
Fließt auch in Deinem Land das Wasser? (ich erinnere mich nicht, ob Du es mir gesagt hast) und dann läßt es einen gewiß auch erschauern, wenn es wirklich das Wasser ist.
Liebe ich es? Ich weiß nicht. Man fühlt sich so allein darin, wenn es kalt ist. Etwas ganz anderes ist es, wenn es warm ist.
Ja also? Wie soll man da urteilen können? Wie urteilt ihr denn, ihr andern, sag mir doch, wenn ihr unbemäntelt von ihm sprecht, ganz offenherzig?

5

Ich schreibe Dir vom Ende der Welt. Das mußt Du wissen.
Oft zittern die Bäume. Man liest die Blätter auf. Sie haben irrsinnig viele Adern. Ja aber wozu? Alles hat aufgehört zwischen ihnen und dem Baum, und verlegen gehen wir auseinander.
Könnte das Leben auf der Erde sich nicht fortsetzen auch ohne Wind? Muß denn immer alles beben und zittern?
Es gibt auch ein unterirdisches Sichregen und Rumoren, und im Hause drinnen etwas wie wenn Zornausbrüche einem gegenüberträten, so als wollten gestrenge Wesen uns Geständnisse entreißen.
Man sieht nichts, nur das, was kaum wert ist, gesehen zu werden. Nichts, und doch zittert man dabei. Warum nur?

6

Wir leben hier alle mit zugeschnürter Kehle. Weißt Du, daß ich, obgleich ich sehr jung bin, früher noch jünger war, und meine Gefährtinnen ebenso? Was bedeutet das? Da steckt ganz bestimmt etwas Schreckliches dahinter.
Und früher, als wir, wie ich Dir schon gesagt habe, noch

encore plus jeunes, nous avions peur. On eût profité de notre confusion. On nous eût dit: »Voilà, on vous enterre. Le moment est arrivé.« Nous pensions, c'est vrai, nous pourrions aussi bien être enterrées ce soir, s'il est avéré que c'est le moment.
Et nous n'osions pas trop courir: essoufflées, au bout d'une course, arriver devant une fosse toute prête, et pas le temps de dire mot, pas le souffle.
Dites-moi, quel est donc le secret à ce propos?

7

Il y a constamment, lui dit-elle encore, des lions dans le village, qui se promènent sans gêne aucune. Moyennant qu'on ne fera pas attention à eux, ils ne font pas attention à nous.
Mais s'ils voient courir devant eux une jeune fille, ils ne veulent pas excuser son émoi. Non! aussitôt ils la dévorent.
C'est pourquoi ils se promènent constamment dans le village où ils n'ont rien à faire, car ils bâilleraient aussi bien ailleurs, n'est-ce pas évident?

8

Depuis longtemps, longtemps, lui confie-t-elle, nous sommes en débat avec la mer.
De très rares fois, bleue, douce, on la croirait contente. Mais cela ne saurait durer. Son odeur du reste le dit, une odeur de pourri (si ce n'était son amertume).
Ici je devrais expliquer l'affaire des vagues. C'est follement compliqué, et la mer... Je vous prie, ayez confiance en moi. Est-ce que je voudrais vous tromper? Elle n'est pas qu'un mot. Elle n'est pas qu'une peur. Elle existe, je vous le jure; on la voit constamment.

jünger waren, da hatten wir Furcht. Leicht hätte man unsere Verwirrung ausnützen können. Man hätte uns gesagt: »So, jetzt werdet ihr begraben. Es ist soweit.« Nun dachten wir eigentlich, wir könnten ja ebensogut heute abend begraben werden, wenn es tatsächlich soweit war.
Und wir wagten nicht zu rennen: nach einem Lauf atemlos vor einem fertiggeschaufelten Grab ankommen und nicht einmal Zeit haben für ein Wort, nicht einmal den Atem dazu!
Sag doch, was ist das für ein Geheimnis hinter all dem?

7

Es gibt, sagt sie ihm noch, es gibt immerzu Löwen im Dorf, die völlig ungeniert umhergehen. Vorausgesetzt, daß wir sie nicht beachten, achten sie auch nicht auf uns.
Wenn sie aber ein junges Mädchen vor sich herrennen sehen, so lassen sie keine Entschuldigung gelten für diese Aufregung. Nein! Auf der Stelle wird es verschlungen.
Darum gehen sie immerzu im Dorf umher, wo sie nichts zu suchen haben, denn gähnen könnten sie ja ebensogut woanders, das ist doch klar?

8

Seit langer, langer Zeit, vertraut sie ihm an, haben wir Streit mit dem Meer.
Nur äußerst selten kommt es vor, daß es blau und sanft daliegt und man meinen könnte, es sei zufrieden. Doch das kann nicht von Dauer sein. Im übrigen sagt es sein Geruch, ein Geruch von Verwestem (wenn es nicht seine Bitternis ist).
Hier müßte ich die Sache mit den Wellen erklären. Das ist wahnsinnig kompliziert, und das Meer ... Bitte hab Vertrauen zu mir. Meinst Du, ich will Dich hinters Licht führen? Es ist mehr als nur ein Wort. Es ist mehr als nur eine Furcht. Es existiert, ich schwöre es Dir; man sieht es immerfort.

Qui? mais nous, nous la voyons. Elle vient de très loin pour nous chicaner et nous effrayer.
Quand vous viendrez, vous la verrez vous-même, vous serez tout étonné. »Tiens!« direz-vous, car elle stupéfie.
Nous la regarderons ensemble. Je suis sûre que je n'aurai plus peur. Dites-moi, cela n'arrivera-t-il jemais?

9

Je ne peux pas vous laisser sur un doute, continue-t-elle, sur un manque de confiance. Je voudrais vous reparler de la mer. Mais il reste l'embarras. Les ruisseaux avancent; mais elle, non. Écoutez, ne vous fâchez pas, je vous le jure, je ne songe pas à vous tromper. Elle est comme ça. Pour fort qu'elle s'agite, elle s'arrête devant un peu de sable. C'est une grande embarrassée. Elle voudrait sûrement avancer, mais le fait est là.
Plus tard peut-être, un jour elle avancera.

10

»Nous sommes plus que jamais entourées de fourmis«, dit sa lettre. Inquiètes, ventre à terre elles poussent des poussières. Elles ne s'intéressent pas à nous.
Pas une ne lève la tête.
C'est la sociéte la plus fermée qui soit, quoiqu'elles se répandent constamment au dehors. N'importe, leurs projets à réaliser, leurs préoccupations... elles sont entre elles,... partout.
Et jusqu'à présent pas une n'a levé la tête sur nous. Elle se ferait plutôt écraser.

Wer? Wir natürlich, wir sehen es. Es kommt aus großer Ferne, um uns zu schikanieren und zu erschrecken.
Wenn Du kommst, wirst Du es sehen, und Du wirst ganz erstaunt sein. »Na so was!« wirst Du sagen, denn es verblüfft einen.
Wir werden es uns zusammen anschauen. Ich bin sicher, daß ich dann keine Furcht mehr haben werde. Sag doch, wird es denn niemals dazu kommen?

9

Ich kann Dich jetzt nicht verlassen, fährt sie fort, mit einem Zweifel, oder gar einem Mißtrauen. Ich möchte Dir wieder vom Meer erzählen. Aber die Verlegenheit bleibt bestehen. Bäche bewegen sich, kommen voran; das Meer nicht. Hör zu und werde nicht böse, ich schwöre es Dir, ich will Dich bestimmt nicht hinters Licht führen. Das Meer ist nun mal so. Wie stark es sich auch hin und her wirft, vor einem bißchen Sand macht es halt. Es hat riesige Hemmungen. Gewiß möchte es vorankommen, aber die Umstände sind dagegen.
Später, eines Tages, kommt es vielleicht weiter.

10

Mehr als je sind wir von Ameisen umgeben, sagt ihr Brief. Voll Unruhe, bäuchlings, stoßen sie Staub vor sich her. Um uns kümmern sie sich nicht.
Nicht eine hebt den Kopf.
Dies ist die geschlossenste Gesellschaft, die es gibt, obgleich sie sich beständig nach außen ausbreiten. Welchen Plänen sie auch nachgehen, welche Sorgen sie auch haben, ... sie sind unter sich ... überall.
Und bis jetzt hat auch nicht eine einzige den Kopf zu uns erhoben. Lieber läßt sie sich zertreten.

11

Elle lui écrit encore:
»Vous n'imaginez pas tout ce qu'il y a dans le ciel, il faut l'avoir vu pour le croire. Ainsi, tenez, les ... mais je ne vais pas vous dire leur nom tout de suite.«
Malgré des airs de peser très lourd et d'occuper presque tout le ciel, ils ne pèsent pas, tout grands qu'ils sont, autant qu'un enfant nouveau-né.
Nous les appelons des nuages.
Ils est vrai qu'il en sort de l'eau, mais pas en les comprimant, ni en les triturant. Ce serait inutile, tant ils en ont peu.
Mais, à condition d'occuper des longueurs et des longueurs, des largeurs et des largeurs, des profondeurs aussi et des profondeurs et de faire les enflés, ils arrivent à la longue à laisser tomber quelques gouttelettes d'eau, oui, d'eau. Et on est bel et bien mouillé. On s'enfuit, furieuses d'avoir été attrapées; car personne ne sait le moment où ils vont lâcher leurs gouttes; parfois ils restent des jours sans les lâcher. Et on resterait en vain chez soi à attendre.

12

L'éducation des frissons n'est pas bien faite dans ce pays. Nous ignorons les vraies règles et quand l'événement apparaît, nous sommes prises au dépourvu.
C'est le Temps, bien sûr. (Est-il pareil chez vous?) Il faudrait arriver plus tôt que lui; vous voyez, ce que je veux dire, rien qu'un tout petit peu avant. Vous connaissez l'histoire de la puce dans le tiroir? Oui, bien sûr. Et comme c'est vrai, n'est-ce pas! Je ne sais plus que dire. Quand allons-nous nous voir enfin?

11

Und außerdem schreibt sie ihm:
Du kannst Dir nicht vorstellen, was es alles gibt am Himmel, man muß es gesehen haben, um es zu glauben. Nimm zum Beispiel die... Doch ich will Dir ihren Namen nicht gleich jetzt sagen.
Sie benehmen sich zwar, als wären sie ungemein schwer und als füllten sie den ganzen Himmel aus, aber so groß sie auch sind, sie wiegen nicht einmal so viel wie ein Neugeborenes.
Wir nennen sie Wolken.
Es kommt zwar Wasser aus ihnen, aber nicht etwa, indem man sie zusammendrückt, und auch nicht, indem man sie zerreibt. Das wäre zwecklos, so wenig ist da drin.
Aber wenn sie sich ausdehnen und Längen um Längen, Breiten um Breiten, ja auch Tiefen um Tiefen füllen und ganz geschwollen daherkommen, dann bringen sie es mit der Zeit fertig, ein paar Tröpfchen Wasser fallen zu lassen, – jawohl, Wasser. Und man wird pudelnaß. Man läuft davon, wütend darüber, daß es einen erwischt hat; denn niemand weiß, wann sie ihre Tropfen fallen lassen; manchmal lassen sie sie tagelang nicht los. Und zu Hause bleiben und darauf warten, hätte keinen Sinn.

12

Es ist in diesem Land nicht gut bestellt um die Erziehung zum Schaudern. Die wahren Regeln kennen wir nicht, und wenn das Ereignis eintritt, werden wir überrascht.
Das liegt natürlich an der Zeit. (Ist sie bei euch auch so?) Man müßte früher ankommen als sie, Du weißt schon, was ich sagen will, nur ein ganz klein wenig vorher. Du kennst doch die Geschichte von dem Floh in der Schublade? Natürlich kennst Du sie. Und wie das alles zutrifft, nicht wahr? Ich weiß nicht mehr, was ich sagen soll. Wann werden wir uns endlich sehen?

Die Fadenmenschen deutsch von Kurt Leonhard,
Ecce homo deutsch von Paul Celan

EXORZISMEN

Exorcismes (1943)

LES HOMMES EN FIL

Au bout d'une longue maladie, au bout d'une profonde anémie, je rencontrai les hommes en fil.
Je les aurais chassés, mais moi-même plus faible qu'un souffle ... et ils me traversèrent, car j'étais toujours de ma taille et eux fort petits, m'infligeant un malaise extrême.
Parfois simplement, ils se tenaient devant moi, mais ma gêne n'en était pas dissipée, car je savais qu'ils devaient à nouveau me traverser bientôt, indifférents à la matière de mon corps, comme un banc de sardines franchit sans se presser les mers du Nord.
Ils passaient roides le plus souvent comme sous une excessive tension.
Qu'ils fissent dégât en moi, je ne le jurerais pas. Mais leur empreinte quoique vague avait un caractère atroce.
Quant à s'y accoutumer, qui apprenant que sa dent est poreuse mâcherait encore avec confiance? Et c'était tout le corps, non une dent.
Parfois un noyautement intérieur se produisait et je me disais: »Ah, venez maintenant, venez donc. Voyons si vous passerez ... et comme je vous romprai, si vous faites tant que de forcer le passage.«
Sur ces entrefaites, ils se dissipaient à la vue. Mais les minutes de force bientôt écoulées avec la caféine, je me retrouvais creusé d'espaces vides et ouvert abominablement de toutes parts à ces petits hommes en fil toujours prêts à passer. C'était sans difficulté pour eux et ils le faisaient sans me prêter attention.
Cependant un grand sommeil m'ensevelit après lequel la santé dont je recouvrai des semblants me permit après une

DIE FADENMENSCHEN

Am Ausgang einer langen Krankheit, am Ende einer tiefen Anämie, begegneten mir die Fadenmenschen.

Ich hätte sie weggejagt, aber ich war selbst schwächer als ein Hauch . . . und sie gingen quer durch mich hindurch, denn ich hatte immerhin meine Körpergröße behalten, sie dagegen waren ganz winzig, und sie verursachten mir äußerste Pein. Manchmal blieben sie auch einfach vor mir stehen, doch mein Unbehagen schwand deshalb nicht, denn ich wußte, daß sie mich bald wieder durchqueren mußten, gleichgültig gegen die Materie meines Körpers, so wie ein Sardinenschwarm, ohne sich zu beeilen, die Meere des Nordens durchzieht.

Meistens waren sie beim Durchgang steif wie unter einer äußersten Spannung.

Daß sie in mir Schaden anrichteten, möchte ich nicht beschwören. Aber ihre wenn auch nur vage sich abdrückende Spur war von einer äußersten Schmerzhaftigkeit.

Hätte ich mich daran gewöhnen sollen? Wenn jemand erfährt, daß sein Zahn morsch ist, könnte er noch mit Vertrauen darauf kauen? Und diesmal war es der ganze Körper, nicht bloß ein Zahn.

Manchmal bildete sich in mir ein Willenskern, und ich sagte im stillen: »Ah, jetzt kommt nur, kommt doch nur. Wir wollen sehen, wie ihr durchkommen werdet . . . und wie ich euch zerbrechen werde, wenn ihr es wagen wolltet, den Durchgang zu erzwingen.«

Nach solchen Wendungen verschwanden sie aus meinem Gesichtskreis. Jedoch die Minuten der Kraft verstrichen rasch mit der Wirkung des Koffeins, und wieder fand ich mich von Hohlräumen durchbohrt und in schändlicher Weise nach allen Seiten für diese winzigen, immer zum Durchgehen aufgelegten Fadenmenschen geöffnet. Für sie gab es keine Schwierigkeit dabei, und sie taten es, ohne auf mich zu achten.

Indessen versank ich in einen tiefen Schlaf, und danach zeigten sich Anzeichen zurückkehrender Gesundheit, die mir

longue retraite de recevoir quelques visiteurs. Je les vis avec surprise.
Comme la tête sur mon oreiller, je les considérais en silence, figés dans une expression de bienveillance obligée, je constatai qu'ils avaient eux aussi quelques hommes en fil (d'ailleurs plus mous et flexueux) et les échangeaient parfois sans même y prendre garde.
Pour moi, si faible que je fusse, personne n'eût pu prendre mes petits hommes, ni en échanger quelques-uns contre d'autres.
Peut-être y aurait-il eu avantage à l'échange, pour ma santé, pour ma distraction (selon ce que je voyais faire aux autres qui en paraissaient joyeux). Mais il se trouva que je demeurai avec les miens et qu'ils ne purent s'éloigner ni trouver compagnons ou substituts.
Tel était mon état, et ce n'était pas le bonheur: j'étais dans mon corps comme dans un grand couvent.
Cependant les années passèrent, ma santé revint, puis encore des années passèrent, puis une guerre, puis une famine, à nouveau j'étais accablé, mes petits hommes, tout minuscules cette fois et aux contours mous, n'importe qui pouvait à présent les remuer, et certains pouvaient même me les faucher, ce qu'ils faisaient avec l'insolence de la force.
À cela je connaissais que mon désespoir était profond. Non pas la mort me retenait de me tuer, mais ma défaillance à me déterminer.
Cependant s'écoulèrent encore beaucoup d'années, la guerre finit, la mémoire et les forces revinrent, alors je vis que je m'étais laissé aller à faire une nombreuse famille de

erlaubten, nach langer Zurückgezogenheit einige Besucher zu empfangen. Ich erblickte sie mit Überraschung.
Den Kopf auf dem Kissen, betrachtete ich sie schweigend, wie sie in einem Ausdruck verbindlichen Wohlwollens erstarrt waren, und ich stellte fest, daß auch sie einige Fadenmenschen um sich hatten (allerdings weichere und biegsamere), die sie manchmal untereinander austauschten, ohne auch nur davon Notiz zu nehmen.
Was mich angeht, so schwach ich auch sein mochte, niemand hätte mir meine kleinen Leute wegnehmen oder ein paar davon gegen andere vertauschen können.
Vielleicht hätte es bei diesem Tausch sogar einen Vorteil gegeben, für meine Gesundheit, für meine Unterhaltung (soweit ich nach den anderen urteilen konnte, die darüber vergnügt zu sein schienen). Aber es stellte sich heraus, daß ich mit den meinigen bleiben mußte und daß sie sich weder von mir entfernen noch Gefährten oder Stellvertreter finden könnten.
So war mein Zustand, und er hatte nichts mit Glück zu tun: ich wohnte in meinem Körper wie in einem großen Kloster.
Indessen vergingen die Jahre, meine Gesundheit kehrte zurück, dann vergingen weitere Jahre, dann ein Krieg, dann eine Hungersnot, ich war wieder sehr heruntergekommen. Meine kleinen Menschen waren diesmal ganz hauchdünn und weichkonturiert, und jeder Beliebige vermochte sie jetzt in Bewegung zu bringen, gewisse Personen konnten sie mir sogar vor meiner Nase wegstibitzen, was sie mit der Frechheit des Stärkeren taten.
Daran erkannte ich, wie tief meine Verzweiflung war. Nicht der Tod hielt mich davon zurück, mich zu töten, sondern meine Ohnmacht, einen Entschluß zu fassen.
Indessen verflossen wieder viele Jahre, der Krieg ging zu Ende, Gedächtnis und Kräfte kehrten wieder, und da sah ich, daß ich mich soweit hatte gehen lassen, eine zahlreiche Familie mit fünf Kindern in die Welt zu setzen, und daß ich nicht den kleinsten Winkel mehr für mich allein hatte, wo ich mich

cinq enfants et que je n'avais plus le moindre coin à moi où je pusse me mettre avec mes petits hommes en fil.
Ainsi disparurent ceux auxquels je m'étais cru attaché à tout jamais.

ECCE HOMO

à Madame Mayrisch Saint-Hubert

Qu'as-tu fait de ta vie, pitance de roi?
J'ai vu l'homme.
Je n'ai pas vu l'homme comme la mouette, vague au ventre, qui file rapide sur la mer indéfinie.
J'ai vu l'homme à la torche faible, ployé et qui cherchait. Il avait le sérieux de la puce qui saute, mais son saut était rare et réglementé.
Sa cathédrale avait la flèche molle. Il était préoccupé.
Je n'ai pas entendu l'homme les yeux humides de piété dire au serpent qui le pique mortellement: »Puisses-tu renaître homme et lire les Vedas!«. Mais j'ai entendu l'homme comme un char lourd sur sa lancée écrasant mourants et morts, et il ne se retournait pas.
Son nez était relevé comme la proue des embarcations Vikings, mais il ne regardait pas le ciel, demeure des dieux; il regardait le ciel suspect, d'où pouvaient sortir à tout instant des machines implacables, porteuses de bombes puissantes.
Il avait plus de cerne que d'yeux, plus de barbe que de peau, plus de boue que de capote, mais son casque était toujours dur.
Sa guerre était grande, avait des avants et des arrières, avait des avants et des après. Vite partait l'homme, vite partait l'obus. L'obus n'a pas de chez soi. Il est pressé quand même.
Je n'ai pas vu paisible, l'homme au fabuleux trésor de

zusammen mit meinen Fadenmenschlein hätte verkriechen können.
Und somit verschwanden sie, denen ich mich für immer und ewig verbunden geglaubt hatte.

ECCE HOMO

Für Madame Mayrisch Saint-Hubert

Was hast du aus deinem Leben gemacht, der Königskost?
Ich habe den Menschen gesehen.
Nicht den Menschen, wie er, der Möwe gleich, den Bauch am Wellenkamm, dahinschnellt übers unbegrenzte Meer.
Sondern den Menschen mit der schwachen Fackel, den Niedergebeugten, der suchte und suchte. Sein Ernst war der des springenden Flohs, aber seine Sprünge waren rar und reglementiert.
Die Turmspitze seiner Kathedrale war schlaff. Er war besorgt.
Nicht *das* habe ich ihn sagen hören, mit frömmigkeitsfeuchten Augen, es ihn sagen hören zu der Schlange, deren Biß ihn tötet: »Möchtest du doch wiedergeboren werden als Mensch und die Veden lesen!« Sondern ich habe ihn kommen hören wie einen schweren Panzer, der, einmal unterwegs, Sterbende und Gestorbene plattwalzt und sich nicht umsieht dabei.
Seine Nase stand nach oben wie der Schnabel eines Vikingerschiffs, aber nicht zum Himmel, nicht zur Wohnstatt der Götter sah er auf; sein Blick suchte einen verdächtigen Himmel ab, wo jeden Augenblick unerbittliche Maschinen auftauchen konnten, mit mächtiger Bombenfracht.
Es war mehr Augenring als Auge an ihm, mehr Bart als Haut, mehr Kot als Mantel, aber sein Helm, der blieb hart.
Groß war sein Krieg, er hatte sein Vorn und sein Hinten, hatte sein Vorher und Nachher. Schnell ging der Mensch los, schnell ging das Geschoß los. Geschosse haben kein Zuhause. Und haben es eilig trotzdem.
Nicht den Friedlichen habe ich gesehen, den Menschen mit

chaque soir pouvoir s'endormir dans le sein de sa fatigue amie.
Je l'ai vu agité et sourcilleux. Sa façade de rires et de nerfs était grande, mais elle mentait. Son ornière était tortueuse. Ses soucis étaient ses vrais enfants.
Depuis longtemps le soleil ne tournait plus autour de la Terre. Tout le contraire.
Puis il lui avait encore fallu descendre du singe.
Il continuait à s'agiter comme fait une flamme brûlante, mais le torse du froid, il était là sous sa peau.
Je n'ai pas vu l'homme comptant pour homme. J'ai vu »Ici, l'on brise les hommes«. Ici, on les brise, là on les coiffe et toujours il sert. Piétiné comme une route, il sert.
Je n'ai pas vu l'homme recueilli, méditant sur son être admirable. Mais j'ai vu l'homme recueilli comme un crocodile qui de ses yeux de glace regarde venir sa proie et en effet il l'attendait bien protégé au bout d'un fusil long. Cependant les obus tombant autour de lui étaient encore beaucoup mieux protégés. Ils avaient une coiffe à leur bout qui avait été spécialement étudiée pour sa dureté, pour sa dureté implacable.
Je n'ai pas vu l'homme répandant autour de lui l'heureuse conscience de la vie. Mais j'ai vu l'homme comme un bon bimoteur de combat répandant la terreur et les maux atroces.
Il avait quand je le connus à peu près cent mille ans et faisait aisément le tour de la Terre. Il n'avait pas encore appris à être bon voisin.
Il courait parmi eux des vérités locales, des vérités nationales. Mais l'homme vrai je ne l'ai pas rencontré.

dem allabendlichen Fabelschatz, der einschlafen konnte im Schoß seiner Freundin, der Müdigkeit.
Unruhig und mit hochgezogener Braue, so habe ich ihn gesehen. Mit seiner Fassade aus lauter Lachen und lauter Nerven, die groß war – und die log. Seine Bahn war krumm und gewunden. Seine wahren Kinder, das waren seine Sorgen.
Seit langem kreiste die Sonne nicht mehr um die Erde. Ganz im Gegenteil.
Und dann hatte er auch noch vom Affen abstammen müssen.
Nach wie vor war er ruhelos wie eine züngelnde Flamme, aber unter seiner Haut, da saß der Torso der Kälte.
Den Menschen, der als Mensch zählte: ihn habe ich nicht gesehen. Gesehen habe ich: »Hier werden die Menschen zerbrochen.« Da zerbricht man ihn, dort wird er behaubt, und stets dient er. Getreten wie eine Straße – und dient.
Nicht den Einkehr Haltenden und seinem herrlichen Wesen Nachsinnenden habe ich gesehen. Aber den Menschen, andächtig wie ein Krokodil, das mit eisigen Augen seine Beute herankommen sieht. Und tatsächlich: am Ende seiner langen Büchse lag er wohlgeschützt im Anschlag. Die Geschosse freilich, die um ihn her niedergingen, die waren noch besser geschützt. Sie hatten eine Haube an ihrem Ende, die war eigens auf ihre Härte hin erprobt worden, auf ihre unerbittliche Härte hin.
Den Menschen, der glückliches Lebensbewußtsein um sich her verbreitet – ihn habe ich nicht gesehen. Aber den Menschen, der, einem wackeren zweimotorigen Kampfflugzeug gleich, den Schrecken verbreitet und das grausame Übel.
An die hunderttausend Jahre war er alt, als ich ihn kennenlernte, und seine Reise rund um die Erde war ein Kinderspiel für ihn. Ein guter Nachbar zu sein, das hatte er noch nicht gelernt.
Es gingen allerlei lokale Wahrheiten unter ihnen um, allerlei nationale Wahrheiten. Aber dem wahren Menschen – ihm bin ich nicht begegnet.

Toutefois excellent en réflexes et en somme presque innocent: L'un allume une cigarette; l'autre allume un pétrolier.
Je n'ai pas vu l'homme circulant dans la plaine et les plateaux de son être intérieur, mais je l'ai vu faisant travailler des atomes et de la vapeur d'eau, bombardant des morceaux d'atomes qui n'existaient peut-être même pas, regardant avec des lunettes son estomac, sa vessie, les os de son corps et se cherchant en petits morceaux, en réflexes de chien.
Je n'ai pas entendu le chant de l'homme, le chant de la contemplation des mondes, le chant de la sphère, le chant de l'immensité, le chant de l'éternelle attente.
Mais j'ai entendu son chant comme une dérision, comme un spasme. J'ai entendu sa voix comme un commandement, semblable à celle du tigre, lequel se charge en personne de son ravitaillement et s'y met tout entier.
J'ai vu les visages de l'homme. Je n'ai pas vu le visage de l'homme comme un mur blanc qui fait lever les ombres de la pensée, comme une boule de cristal qui délivre des passages de l'avenir, mais comme une image qui fait peur et inspire la méfiance.
J'ai vu la femme, couveuse d'épines, la femme monotone à l'ennui facile, avec la glande d'un organe honteux faisant la douceur de ses yeux. Les ornements dont elle se couvrait, qu'elle aimait tant, disaient »Moi. Moi. Moi«. C'était donc bien lui, lui, toujours l'homme, l'homme gonflé de soi, mais pourtant embarrassé et qui veut se parfaire et qui tâtonne, essayant de souder son clair et son obscur.
Avec de plus longs cheveux et des façons de liane, c'était

Dabei vortrefflich in seinen Reflexen und im Grunde genommen fast unschuldig: Der da zündet sich eine Zigarette an, der andre dort schießt einen Öltanker in Brand.
Den die Ebene, den die Hochebene seines innersten Wesens ausschreitenden Menschen habe ich nicht gesehen; aber gesehen habe ich ihn, wie er die Atome und den Wasserdampf arbeiten ließ, wie er Atomstücke bombardierte, die es vielleicht gar nicht gab, wie er seinen Magen und seine Blase, wie er die Knochen seines Körpers durch eine Brille beschaute, und wie er sich aus Kleinteilen und Hunde-Reflexen zusammensuchte.
Den Gesang des Menschen, den Gesang der Welten-Kontemplation, den Gesang der Sphäre, den Gesang der Unermeßlichkeit, den Gesang vom ewigen Warten – *sie* habe ich nicht gehört.
Aber gehört habe ich seinen Gesang, der wie ein Gespött, der wie ein Krampf war. Ich habe seine Stimme gehört: einem Befehl gleich, der des Tigers ähnlich, der höchstpersönlich für seine Verproviantierung sorgt, unter vollständigstem Einsatz seiner selbst.
Ich habe die Gesichter des Menschen gesehen. Nicht *so* habe ich das Gesicht des Menschen gesehen: wie eine weiße Wand, die die Schatten des Denkens emporkeimen läßt, wie eine Kristallkugel, die der Zukunft die Durchgänge freilegt; sondern wie ein Bild, das einem angst macht und Mißtrauen weckt.
Ich habe die Frau gesehen, die Dornenbrüterin, die eintönige Frau mit ihrer sich unschwer einstellenden Langeweile, mit der Drüse eines verschämten Organs, von dem die Süße in ihren Augen stammte. Die Zierate, mit denen sie sich bedeckte, die sie so liebte, sie sagten: »Ich. Ich. Ich.« Das war also tatsächlich er, er, der Mensch, immerzu, der von sich vollgeblähte Mensch, und dabei so verlegen und so bestrebt, sich zu vervollkommnen, ein Tastender, darauf aus, sein Hell und sein Dunkel zusammenzuschweißen.
Langhaariger als sonst und lianenhaft in seinen Manieren –

toujours le même à la pente funeste, l'homme empiétant qui médite de peser sur votre destin.
J'ai vu l'époque, l'époque tumultueuse et mauvaise travaillée par les hormones de la haine et les pulsions de la domination, l'époque destinée à devenir fameuse, à devenir l'Histoire, qui s'y chamarrerait de l'envers de nos misères, mais c'était toujours lui, ça tapait toujours sur le même clou. Des millions de son espèce vouée au malheur entraient en indignation au même moment et se sentaient avoir raison avec violence, prêts à soulever le monde, mais c'était pour le soulever sur les épaules brisées d'autres hommes.
La guerre! l'homme, toujours lui, l'homme à la tête de chiffres et de supputations sentant la voûte de sa vie d'adulte sans issue et qui veut se donner un peu d'air, qui veut donner un peu de jeu à ses mouvements étroits, et voulant se dégager, davantage se coince.
La Science, l'homme encore, c'était signé. La science aime les pigeons décérébrés, les machines nettes et tristes, nettes et tristes comme un thermocautère sectionnant un viscère cependant que le malade écrasé d'éther gît dans un fond lointain et indifférent.
Et c'étaient les philosophies de l'animal le moins philosophique du monde, des îes et des ismes ensevelissant de jeunes corps dans de vieilles draperies, mais quelque chose d'alerte aussi et c'était l'homme nouveau, l'homme insatisfait, à la pensée caféinée, infatigablement espérant qui tendait les bras. (Vers quoi les bras ne peuvent-ils se tendre?)

immer wieder war es der gleiche, der mit dem verhängnisvollen Hinab, der alles übertretende Mensch, der darauf sinnt, schwer auf deinem Schicksal zu lasten.

Ich habe die Epoche gesehen: lärmig und böse, bearbeitet von den Haß-Hormonen und den Herrschgelüsten, die Epoche, dazu bestimmt, ruhmreich und vielberedet zu werden, Geschichte zu werden, und die sich dann herausputzen würde mit der Kehrseite unsrer Nöte, – aber auch da wars wieder nur er, das schlug immerzu in ein und dieselbe Kerbe. Millionen seiner Art, Millionen dem Verderben Geweihter empörten sich im gleichen Augenblick und empfanden, auf das ungestümste, daß sie im Recht waren. Millionen waren bereit, die Welt aus den Angeln zu heben – sie aus den Angeln zu heben, um sie den zerschlagenen Schultern anderer Menschen aufzuladen.

Der Krieg! Der Mensch, wieder und wieder er, der Mensch mit dem Ziffern- und Kalkulationskopf, der fühlt, daß es kein Hinaus gibt aus dem Gewölbe seines Erwachsenenlebens, der sich ein wenig Luft machen will, der seinen eingeengten Bewegungen ein wenig Spielraum verschaffen will, und der, da er freizukommen sucht, immer mehr in die Klemme gerät.

Die Wissenschaften –: wiederum der Mensch, sein Namenszug stand darunter. Die Wissenschaft liebt die enthirnten Tauben, die blanken und tristen Menschen – so blank und so trist wie der Brennstift, der ein Eingeweide zertrennt, während der von Ätherlasten niedergedrückte Kranke auf irgendeinem fernen und indifferenten Grunde ruht.

Und da waren die Philosophien des allerunphilosophischsten unter den Tieren, lauter Ïen und Ismen, die junge Leiber unter alten Behängen begruben; aber auch etwas Munteres, Flinkes war dabei, und das war der neue Mensch, der unbefriedigte Mensch, mit seinem koffeinhaltigen Denken, ein unermüdlich Hoffender, der die Arme aus- und entgegenstreckte. (Und wem allem entgegen können Arme nicht gestreckt werden?)

Et c'était la paix, la paix assurément, un jour, bientôt, la paix comme il y en eut déjà des millions, une paix d'hommes, une paix qui n'obturerait rien.
Voici que la paix s'avance semblable à un basset pleurétique et l'homme planckton, l'homme plus nombreux que jamais, l'homme un instant excédé, qui attend toujours et voudrait un peu de lumière . . .

Und es war der Friede, ja, ganz bestimmt der Friede, eines Tages, bald, der Friede, wie es seiner schon Millionen gegeben hatte, ein Friede, der nichts verschließen würde.
Und da rückt nun der Friede heran, kommt dahergewackelt wie ein pleuretischer Dackel, und der Planktonmensch, der Mensch so zahlreich wie noch nie, der Mensch, dem es für einen Augenblick zuviel geworden war, der da immerzu wartet und gerne ein bißchen Licht hätte...

Deutsch von Kurt Leonhard

DAS HIRNZENTRUM DER UNGEHEUER

Le Lobe des Monstres (1944)

APRÈS MA MORT

Je fus transporté après ma mort, je fus transporté non dans un lieu confiné, mais dans l'immensité du vide éthérique. Loin de me laisser abattre par cette immense ouverture en tous sens à perte de vue, en ciel étoilé, je me rassemblai et rassemblai tout ce que j'avais été, et ce que j'avais été sur le point d'être, et enfin tout ce que au calendrier secret de moi-même, je m'étais proposé de devenir et, serrant le tout, mes qualités aussi, enfin mes vices, dernier rempart, je m'en fis carapace.
Sur ce noyau, animé de colère, mais d'une colère nette, que le sang n'appuyait plus, froide et intégrale, je me mis à faire le hérisson, dans une suprême défense, dans un dernier refus.
Alors, le vide, les larves du vide qui déjà poussaient tentaculairement vers moi leurs poches molles, me menaçant de l'abjecte endosmose, les larves étonnées après quelques vaines tentatives contre la proie qui refusait de se rendre, reculèrent embarrassées, et se dérobèrent à ma vue, abandonnant à la vie celui qui la méritait tellement.
Désormais libre de ce côté, j'usai de ma puissance du moment, de l'exaltation de la victoire inespérée, pour peser vers la Terre et repénétrai mon corps immobile, que les draps et la laine avaient heureusement empêché de se refroidir.
Avec surprise, après ce mien effort dépassant celui des géants avec surprise et joie mêlée de déception je rentrai dans les horizons étroits et fermés où la vie humaine pour être ce qu'elle est, doit se passer.

NACH MEINEM TODE

Ich wurde nach meinem Tode transportiert, nicht an einen umgrenzten Ort wurde ich transportiert, sondern in die Unermeßlichkeit des leeren Ätherraumes. Weit davon entfernt, mich von dieser allseitigen, dieser, so weit die Blicke reichten, unermeßlichen Offenheit niederzwingen zu lassen, sammelte ich mich, sammelte ich in mir alles, was ich gewesen war, was ich gerade im Begriffe gewesen war zu sein, endlich alles, was ich im geheimen Kalender meines Selbst mir vorgenommen hatte zu werden, dieses alles zusammendrängend, dazu auch meine Qualitäten, schließlich, als letzten Schutzwall, meine Laster, und daraus machte ich mir eine Panzerschale.

Über diesem Kernstück, von Zorn beseelt, aber von einem sauberen, trockenen Zorn, der nicht vom Blut getragen wurde, einem kalten, einem ungeschmälerten Zorn also, begann ich einen Igel darzustellen, in einer alleräußersten Abwehr, einer letzten Weigerung.

Der leere Raum alsdann, die Raublarven des leeren Raumes, die schon ihre weichen Saugtaschen nach mir ausgestülpt hatten und mich mit niederträchtiger Endosmose bedrohten, diese Larven wunderten sich, und nach vergeblichen Versuchen, sich der Beute zu bemächtigen, die sich nicht ergeben wollte, wichen sie verlegen zurück und entzogen sich meinem Blick. Sie überließen dem Leben diesen Getreuen, der es so sehr verdiente.

Frei seitdem von dieser Seite her, machte ich Gebrauch von meiner momentanen Macht, vom Hochgefühl des unverhofften Sieges, lastete mit aller verfügbaren Schwerkraft gegen die Erde, drang wieder in meinen unbewegt daliegenden Körper ein, den die Laken und Wolldecken glücklicherweise am Erkalten gehindert hatten.

Mit Überrraschung, nach dieser ganz selbständigen Leistung, die sogar die der Giganten übertraf, mit Überraschung und mit einer von Enttäuschung durchsetzten Freude kehrte ich heim in die engen und abgeschlossenen Horizonte, in denen das menschliche Leben verlaufen muß, um zu sein, was es ist.

DANS LA COMPAGNIE DES MONSTRES

Il fut bientôt évident (dès mon adolescence) que j'étais né pour vivre parmi les monstres.
Ils furent longtemps terribles, puis ils cessèrent d'être terribles et après une grande virulence, petit à petit s'atténuèrent. Enfin ils devinrent inactifs et je vivais en sérénité parmi eux.
C'était l'époque où d'autres, encore insoupçonnés, se mettaient à se former et un jour se présenteraient à moi, actifs et terribles (car s'ils devaient venir surgir pour être oisifs et tenus en laisse, qui pense qu'ils viendraient jamais?), mais après avoir accaparé de noirceurs tout l'horizon, ils en venaient à s'atténuer et je vivais parmi eux avec égalité d'âme et c'était une belle chose, surtout ayant failli être si détestable, presque mortelle.
Eux qui au premier abord étaient si démesurés, infects, répugnants, prenaient une telle finesse de contour qu'on les eût, malgré leurs formes impossibles, presque introduits dans la nature.
C'est l'âge qui faisait cela. Oui. Et quel était le signe certain de leur stade inoffensif? C'est très simple. Ils n'avaient plus d'yeux. Lavés des organes de la détection, leurs visages quoique monstrueux de forme, leurs têtes, leurs corps ne gênaient pas plus que celle des cônes, des sphères, des cylindres ou des volumes que la nature offre en ses rochers, ses galets et dans bien d'autres de ses domaines.

LE LOBE À MONSTRES

Après ma troisième rechute, je vis par la vue intérieure mon cerveau gluant et en replis, je vis macroscopiquement

IN DER GESELLSCHAFT DER UNGEHEUER

Es wurde bald evident (schon in meiner Jugendzeit), daß ich dazu geboren war, unter den Ungeheuern zu leben.
Lange waren sie furchtbar, dann hörten sie auf, furchtbar zu sein, und nach einer Epoche großer Bösartigkeit benahmen sie sich allmählich freundlicher. Schließlich wurden sie ganz untätig, und ich lebte in Frieden unter ihnen.
Zu dieser Zeit begannen schon andere, Gestalt anzunehmen, von denen ich nichts ahnte, eines Tages mußten sie sich mir zeigen, aktiv und furchtbar (denn wenn sie nur ans Licht kommen sollten, um untätig und an der Hundeleine zu leben, weshalb sollten sie dann überhaupt kommen?), aber nachdem sie den ganzen Horizont mit schwarzen Tinten überzogen hatten, gingen sie dazu über, sich freundlicher zu benehmen: bald lebte ich unter ihnen in seelischer Ebenbürtigkeit, und das war etwas Schönes, besonders nachdem es so ausgesehen hatte, als sollte es gräßlich, fast todbringend werden.
Sie, die auf den ersten Blick so haarsträubend, so scheußlich, so abstoßend gewesen waren, sie nahmen derartig elegante Umrisse an, daß man sie trotz ihrer unmöglichen Formen beinahe in die Ordnung der Natur eingereiht hätte.
Das Alter war die Ursache dafür. Ja. Und welches war das sichere Anzeichen ihres harmlosen Stadiums? Sehr einfach. Sie hatten keine Augen mehr. Nachdem die Organe der Wahrnehmung ausgetilgt waren, konnten ihre noch so ungeheuerlich gestalteten Gesichter, ihre Köpfe, ihre Körper nicht störender wirken als die Kegel, die Kugeln, die Zylinder oder die sonstigen Spielformen, wie die Natur sie in ihren Felsen, ihren Feldsteinen und auf so vielen anderen Gebieten zeigt.

DER HIRNLAPPEN FÜR UNGEHEUER

Nach meinem dritten Rückfall sah ich mit dem inneren Auge mein Gehirn, klebrig und voller Windungen, ich sah in

ses lobes et ses centres dont presque aucun ne fonctionnait plus et je m'attendais plutôt à voir pus ou tumeur s'y former.
Comme je cherchais un lobe qui fût encore en bonne santé, j'en vis un, que le ratatinement des autres démasqua. Il était en pleine activité et des plus dangereuses, en effet c'était un lobe à monstres. Plus je le vis, plus j'en fus sûr.
C'était le lobe aux monstres, habituellement, réduit à un état inactif, qui dans la défaillance des autres lobes, tout à coup par une puissante suppléance, me fournissait en vie; mais c'était soudée à la mienne, la vie des monstres. Or j'avais déjà eu, dans toute ma vie, le plus grand mal à les tenir en rang subalterne.
Peut-être étaient-ce à présent les ultimes tentatives de mon être pour survivre. Sur quelles monstruosités, je pris appui (et de quelle façon!), je n'oserais pas le dire. Qui aurait cru que je tenais ainsi à ce point à la vie?
De monstre en monstres, de chenilles en larves géantes, j'allais me raccrochant . . .

makroskopischer Deutlichkeit seine Lappen und seine Zentren, von denen fast keine mehr funktionierten, und ich war eigentlich darauf gefaßt, Eiter oder Geschwülste sich bilden zu sehen.

Wie ich einen Lappen suchte, der noch bei guter Gesundheit wäre, sah ich einen, der durch das Schrumpfen der anderen freigelegt war. Er befand sich in voller Tätigkeit und in einer höchst gefährlichen, wahrhaftig, dies war ein Lappen zur Erzeugung von Ungeheuern. Je mehr ich ihn ansah, um so gewisser wurde es mir.

Das war der Hirnhügel, aus dem die Ungeheuer kommen; gewöhnlich verharrt er im Zustand der Untätigkeit, aber durch den Abbau der anderen Hirnhügel trat er plötzlich mit Macht an deren Stelle und lieferte mir neues Leben; dieses war jedoch mit meinem eigenen fest verbunden, das Leben der Ungeheuer. Hatte ich doch schon von jeher die größte Mühe gehabt, sie in Botmäßigkeit zu halten.

Vielleicht waren dies jetzt die letzten Anstrengungen meines Wesens, um zu überleben. Bei welchen Monstrositäten ich Halt suchte (und auf welche Weise!), das würde ich mich nicht zu sagen trauen. Wer hätte geglaubt, daß ich so sehr am Leben hing?

Von Ungeheuer zu Ungeheuern, von Raupen zu Riesenlarven wankte ich mich anklammernd fort...

Deutsch von Kurt Leonhard

AKTIONSFREIHEIT

Liberté D'action (1945)

Je n'ai guère fait de mal à personne dans la vie. Je n'en avais que l'envie. Je n'en avais bientôt plus l'envie. J'avais satisfait mon envie.
Dans la vie on ne réalise jamais ce qu'on veut. Eussiez-vous par un meurtre heureux supprimé vos cinq ennemis, ils vous créeront encore des ennuis. Et c'est le comble, venant de morts et pour la mort desquels on s'est donné tant de mal. Puis il y a toujours dans l'exécution quelque chose qui n'a pas été parfait, au lieu qu'à ma façon je peux les tuèr deux fois, vingt fois et davantage. Le même homme chaque fois me livre sa gueule abhorrée que je lui rentrerai dans ses épaules jusqu'à ce que mort s'ensuive, et, cette mort accomplie et l'homme déjà froid, si un détail m'a gêné, je le relève séance tenante et le rassassine avec les retouches appropriées.
C'est pourquoi dans le réel, comme on dit, je ne fais de mal à personne; même pas à mes ennemis.
Je les garde pour mon spectacle, où, avec le soin et le désintéressement voulu (sans lequel il n'est pas d'art), et avec les corrections et les répétitions convenables, je leur fais leur affaire.
Aussi très peu de gens ont-ils eu à se plaindre de moi sauf s'ils sont grossièrement venus se jeter dans mon chemin. Et encore ...
Mon cœur vidé périodiquement de sa méchanceté s'ouvre à la bonté et l'on pourrait presque me confier une fillette quelques heures. Il ne lui arriverait sans doute rien de fâcheux. Qui sait? Elle me quitterait même à regret ...

DIE BEFRIEDIGTEN GELÜSTE

Ich habe in meinem Leben kaum jemandem wehgetan. Ich hatte nur Lust dazu. Und bald hatte ich keine Lust mehr dazu. Ich hatte meine Lust gestillt.

Im Leben realisiert man nie, was man will. Hättet ihr durch einen glücklich ausgeführten Mord eure fünf Feinde vernichtet, sie würden euch immer noch Ärger stiften. Und was die Höhe ist, er käme von Toten, für deren Tod man sich so viel Mühe gemacht hat. Außerdem gibt es in der Ausführung immer etwas, das nicht vollkommen gewesen ist, während ich sie auf meine Art zweimal töten kann, zwanzigmal und noch mehr. Jedesmal liefert mir derselbe Mensch seine abscheuliche Fratze aus, die ich ihm solange in die Schultern hineintreiben werde, bis der Tod eintritt, und wenn dieser Tod geschafft und der Mann schon kalt ist und mich sollte etwa irgendeine Einzelheit gestört haben, dann lasse ich ihn ohne weiteres auferstehen und erledige ihn ein zweites Mal mit den angemessenen Korrekturen.

Deshalb tue ich im sogenannten realen Leben keinem etwas zuleide; nicht einmal meinen Freinden.

Ich bewahre sie für meine schöne Veranstaltung auf, wo ich ihnen ihren Prozeß mache, mit aller Sorgfalt und aller Uneigennützigkeit (ohne die es keine Kunst gibt), und mit allen schicklichen Berichtigungen und Wiederholungen.

Darum haben sehr wenige Leute Grund gehabt, sich über mich zu beklagen, es sei denn, sie hätten sich mir in plumper Direktheit absichtlich in den Weg gestellt. Und selbst dann noch ...

Mein periodisch von seiner Bosheit entlastetes Herz öffnet sich der Güte, und beinahe könnte man mir für ein paar Stunden ein kleines Mädchen anvertrauen. Es würde ihm zweifellos nichts Arges zustoßen. Wer weiß? Vielleicht verließe sie mich sogar ungern ...

À LA BROCHE

En fronde les uns, à la broche les autres... et c'est si naturel. Difficile de garder sa chaise. Les invités mangent. Il y a de la place à faire. Des nouveaux arrivent. Où mettre les précédents? Où les mettre? On les met à la broche.
Refoulés de chaise en chaise, de place en place, ils se retrouvent devant la cheminée. On les y pousse et hop! à la broche!
Le naturel ne manque pas ici. Il n'y a rien à redire du côté naturel.
C'est pourquoi personne ne résiste. Happés avec douceur, mais happés irrésistiblement, ils glissent vers la chaude ouverture. L'idée de résistance ne s'offre pas véritablement à eux. Ils se laissent faire, saisis par l'évidence.

INSTRUMENT À CONSEILLER: LE TONNERRE D'APPARTEMENT

Au lieu de détruire tous les gamins des environs, on peut plus pacifiquement faire régner le tonnerre dans l'appartement, ou dans la pièce d'où partent les cris déchireurs de paix.
Il y faut une grande force de volonté bruitante (une certaine pratique des grands orchestres peut mettre sur le bon chemin). Dès que c'est en train, ça va tout seul et peut durer longtemps et plus aucun cri ne filtre à travers le barrage sonore. Il vaut mieux ne pas employer la fanfare, les cuivres même imaginaires provoquant le mal de tête. Dans ce cas, pourquoi se donner tant de mal?
Avec le tonnerre, pourvu qu'il soit bien maniable, on doit pouvoir supporter le voisinage d'une heure et de-

AM BRATSPIESS

Die einen in die Schleuder, die andern an den Spieß ... und ganz natürlich geht das vor sich. Schwierig, seinen Stuhl zu behalten. Die Gäste speisen. Man muß Platz machen. Neue treffen ein. Wohin mit den früheren? Wohin mit ihnen? Man steckt sie an den Spieß.

Von Stuhl zu Stuhl immer weiter verdrängt, befinden sie sich plötzlich vor dem Kamin. Man stößt sie hinein und hopla! an den Spieß!

Natürlichkeit fehlt hier wirklich nicht. Von der Seite der Natürlichkeit läßt sich nichts einwenden.

Deshalb leistet auch niemand Widerstand. Ganz allmählich geschnappt, aber unwiderstehlich geschnappt, gleiten sie der heißen Öffnung entgegen. Der Gedanke an Widerstand kommt ihnen eigentlich gar nicht. Ergriffen von der Evidenz, lassen sie sich's gefallen.

RATSAMES INSTRUMENT: DER ZIMMERDONNER

Anstatt alle Gassenjungen in der weiteren Nachbarschaft zu vernichten, kann man auf friedliche Weise den Donner in der Wohnung herrschen lassen, oder in dem Raum, von dem die den Frieden zerreißenden Schreie ausgehen.

Es gehört eine große Kraft lärmerzeugenden Willens dazu (eine gewisse Erfahrung mit großen Orchestern kann den rechten Weg weisen). Sobald erst einmal der Anfang gemacht ist, geht es ganz von selbst, und kein Schrei dringt mehr durch die lautstarke Sperre. Nur benutze man lieber keine Trompeten, denn die Blechbläser, selbst imaginäre, rufen Kopfschmerzen hervor. Wozu hätte man sich dann soviel Mühe gemacht?

Mit Hilfe des Donners, vorausgesetzt, er läßt sich gut handhaben, müßte man die Nachbarschaft von Bengeln, die frei

mie de galopins en récréation et criant. Plus, c'est difficile.
Mieux vaudra déménager.
D'ailleurs il faut toujours fuir les écoles. Après vingt ans, ça peut encore agiter des souvenirs.

AVIS AUX JEUNES MÉNAGES

Dès qu'on oublie ce que sont les hommes, on se laisse aller à leur vouloir du bien. C'est pourquoi, sans doute, on conseille de se recueillir de temps à autre, de faire retraite.
Qui n'a pas de femmes ne songe qu'à les caresser. Qui femme a, la caresse, mais ne songe qu'à la battre. Eh bien, qu'il la batte... pourvu qu'elle ne s'en aperçoive pas.
Cependant mieux vaut encore la tuer. Après, ça ira mieux. Vous vous sentirez plus d'aplomb comme si vous veniez de fumer une bonne pipe, une vraie bonne pipe. Elle aussi d'ailleurs et elle vous appréciera davantage, vous trouvant moins préoccupé, plus vivant, plus aimable, car vous le serez, c'est immanquable. *Mais il faudra peut-être la retuer de temps en temps. La paix dans le ménage est à ce prix.*
Vous le savez maintenant. Vous ne pouvez plus reculer...
D'ailleurs elle-même vous tue peut-être depuis le premier jour que vous avez passé ensemble. Pour une femme un peu délicate, un peu nerveuse, c'est presque un besoin.

LE SURVEILLANT DU CAMP

»Cependant qu'ils sont livrés au dernier supplice, je fais du trapèze. Pourquoi? Je ne sais. Une exubérance tournante,

haben und schreien, wohl anderthalb Stunden aushalten können. Länger – das ist schwierig.
Besser ausziehen.
Im übrigen soll man Schulen immer meiden. Noch nach zwanzig Jahren kann so was Erinnerungen aufrühren.

FINGERZEIG FÜR JUNGE EHEN

Sobald man vergißt, was die Menschen sind, läßt man sich so weit gehen, ihnen wohlzuwollen. Aus diesem Grund gilt es zweifellos für ratsam, sich von Zeit zu Zeit zurückzuziehen, sich der inneren Sammlung zu widmen.
Wer keine Frauen hat, denkt nur daran, sie zu liebkosen. Wer mit Frau lebt, der liebkost sie, aber denkt nur daran, sie zu schlagen. Also gut, soll er sie schlagen ... Hauptsache, sie merkt nichts davon.
Wirksamer allerdings wäre, sie zu töten. Hinterher geht alles besser. Du wirst dich deiner selbst sicherer fühlen, so als hättest du gerade eine gute Pfeife geraucht, eine wirklich gute Pfeife. Sie übrigens auch, sie wird deinen Wert mehr zu schätzen wissen, sie findet dich weniger zerstreut, lebendiger, liebenswerter, denn das wirst du sein, *unfehlbar*. Aber vielleicht wirst du sie von Zeit zu Zeit nochmals töten müssen. Der Frieden in der Ehe ist nur um diesen Preis zu haben.
Jetzt weißt du es. Jetzt kannst du nicht mehr zurück ...
Außerdem tötet sie selbst dich vielleicht schon seit dem ersten Tage, den ihr zusammen verlebt habt. Für eine ein bißchen empfindliche, ein bißchen nervöse Frau ist dies fast ein Bedürfnis.

DER AUFSEHER DES LAGERS

»Während sie zur Hinrichtung geführt werden, turne ich am Reck. Weshalb? Ich weiß es nicht. Ein durchdrehender Über-

une exaltation, la joie enfin fait que je ne puis supporter mon cœur dans ma poitrine, sa caresse comme un toucher nouveau, tandis qu'il bat à coups profonds, comme médités, qui me tiennent alerté et sans souffle sous la menace.
Et je tourne et tourne infatigable autour de la barre, faisant comme je peux avec de pauvres moyens l'astre qui gravite imperturbable dans la nuit des siècles.«

HOMME-BOMBE

Non, je n'ai pas d'usine, je n'ai pas d'outils. Je suis un des rares hommes-bombes. Je dis rares, car s'il en est d'autres, que ne l'ont-ils déclaré un jour? Il est vrai, il demeure possible qu'il y en ait eu. Nous sommes obligés à quelque prudence.
»Eclater, ça peut être dangereux, un jour«, pense le public.
Après tuer, les caresses. *»Qu'il dit, pense le public, mais s'il demeure dans le tuer, s'il s'enfonce dans le tuer, s'il réalise enfin le tuer«* et le public, *toujours magistrat en son âme simple, s'apprête à nous faire condamner.*
Mais il est temps de me taire. J'en ai trop dit.
À écrire on s'expose décidément à l'excès.
Un mot de plus, je culbutais dans la vérité.
D'ailleurs je ne tue plus. Tout lasse. Encore une époque de ma vie de finie. Maintenant, ja vais peindre, c'est beau les couleurs, quand ça sort du tube, et parfois encore temps après. C'est comme du sang.

schwang, eine Begeisterung, kurz, die Freude ... hat zur Folge, daß ich mein Herz nicht mehr in meiner Brust ertragen kann: Sein Klopfen, seine tiefen, gleichsam vorbedachten Schläge, wie ein neuartiges Berührtwerden, Liebkosung und Drohung zugleich, hält mich in atemlosem Alarmzustand.
Und ich drehe mich und drehe mich unermüdlich um die Stange. So gut ich kann mit meinen dürftigen Mitteln, stelle ich den Stern dar, der unbeirrbar gravitiert in der Nacht der Jahrtausende.«

DER BOMBENMENSCH

Nein, eine Fabrik habe ich nicht, nein, auch keine Werkzeuge. Ich bin einer der seltenen Bombenmenschen. Selten, denn gäbe es andere, warum hätten sie sich nicht eines Tages zu erkennen gegeben? Allerdings besteht die Möglichkeit, daß es welche gegeben haben könnte. Sind wir doch zu einiger Vorsicht gezwungen.
»Explodieren, das kann eines Tages gefährlich werden«, denken die Leute.
Erst töten, dann streicheln. »Mag er sagen, was er will«, denken die Leute, »wenn er aber nur tötet, wenn er im Töten steckenbleibt, wenn er das Töten zur Tat macht«, und die Leute, die sich in ihrer Einfalt immer als Justizbeamte fühlen, sind gleich darauf aus, uns vor Gericht zu bringen.
Aber es ist höchste Zeit, daß ich schweige. Ich habe schon zuviel gesagt.
Beim Schreiben exponiert man sich entschieden über jedes Maß hinaus.
Ein Wort mehr, und ich wäre kopfüber in die Wahrheit gestürzt.
Übrigens töte ich gar nicht mehr. Man hat alles einmal satt. Wieder eine Epoche meines Lebens abgeschlossen. Jetzt werde ich malen, Farben sind etwas Schönes, wenn das so aus der Tube kommt, und manchmal auch noch eine Weile danach. Es sieht wie Blut aus.

Deutsch von Kurt Leonhard

ERSCHEINUNGEN

Apparitions (1946)

LE TRÉPANÉ

La tranquillité qu'on a dans la vie (car on en a, et parfois tellement longue qu'on souhaite presque le malheur, tellement on s'en ennuie), la tranquillité qu'on a dans la vie, repose sur une confiance, qui repose sur des confiances, lesquelles reposent en somme sur notre tête, qu'une expérience limitée nous porte à juger solide.
Mais un jour, à l'occasion d'une poutre de maison qui tombe, cependant que le plafond crève, vous bombardant d'un supplément de coups d'ailleurs inutiles, le crâne montre ce qu'il est, un objet, et parmi les objets, un objet fragile. C'est ce qui frappe sur le moment (les témoins). Vous, c'est pour plus tard et c'est autre chose. En ce moment vous êtes coi. Et dès qu'un homme est vraiment coi, il faut s'attendre que les autres le soient d'autant moins. Ils s'occupent, se suroccupent de vous. Comme on dit, »ils interviennent«. Mais intervention ou non, le fracturé du crâne... bien, il saura plus tard.
Quand trois jours après, le crâne encoffré de bandages, il soulève incertain une paupière lasse, les médecins et les aides se congratulent. Mais lui, il ne se congratule pas. Il ne congratule personne.
Il y a un endroit en son corps où l'on vit de préférence. Pas le même chez tous. C'est naturel. Mais il est naturel à beaucoup d'aimer se tenir dans leur tête. Ils circulent, bien sûr, redescendent, vont d'organe à organe, de-ci, de-là, mais ils aiment retourner souvent dans leur tête.
C'est ce que le trépané essaie aussitôt de faire, mais une seconde après cet aussitôt, il sait, il sent, il est assuré que jamais il ne pourra remonter dans sa tête, du moins ce ne sera plus pour y habiter vraiment.

DER TREPANIERTE

Die Ruhe, die man im Leben hat (denn man hat sie, und manchmal sogar so lange, daß man beinahe das Unglück herbeiwünscht, so sehr kann sie zur Langeweile werden), die Ruhe, die man im Leben hat, beruht auf einem Vertrauen, welches auf dem Vertrauen andrer beruht, welches wiederum auf unserem Kopf beruht, den eine begrenzte Erfahrung uns verleitet für festgegründet zu halten.

Aber eines Tages, anläßlich eines Hausbalkens, der herabfällt, während die Zimmerdecke dich mit eigentlich unnötigen weiteren Materialschlägen bombardiert, zeigt der Schädel, was er ist, nämlich ein Objekt unter anderen Objekten, ein zerbrechliches Objekt. Das ruft einen Moment lang Erstaunen hervor: bei den Augenzeugen. Denn du selbst kommst erst später damit dran, und das ist etwas anderes. In diesem Moment bist du stockstill. Und sobald ein Mann wirklich stockstill ist, muß man darauf gefaßt sein, daß die anderen es um so weniger sind. Sie beschäftigen sich mit dir, überbeschäftigen sich, überschlagen sich dabei. Wie man so sagt, »sie greifen ein«. Aber Eingreifen oder nicht, der mit dem Schädelbruch . . . na ja, er wird es später erfahren.

Wenn er drei Tage danach, den Schädel in Bandagen verpackt, unsicher ein müdes Augenlid hebt, gratulieren sich die Ärzte und Krankenwärter. Er aber, er gratuliert sich nicht. Er gratuliert keinem.

Es gibt für jeden eine Stelle in seinem Körper, wo man mit besonderer Vorliebe lebt. Nicht die gleiche bei allen. Das ist ganz natürlich. Aber für viele ist es natürlich, sich besonders gern in ihrem Kopf aufzuhalten. Gewiß wandern sie hierhin und dorthin, steigen wieder herab, gleiten von Organ zu Organ, aber sie kehren oft und gern in ihren Kopf zurück.

Genau das versucht der Trepanierte sogleich zu tun, doch eine Sekunde nach diesem Sogleich weiß er, fühlt er, ist er dessen gewiß, daß er niemals wieder in seinen Kopf hinaufsteigen kann, wenigstens nicht mehr, um dort wirklich zu wohnen.

Il y a un endroit surtout dans sa tête où il voudrait aller, un endroit qu'il connaît bien, lui seul, d'où il voyait venir les autres et leurs petites affaires et d'où il savait les freiner quand il le fallait, tout doucement, sans qu'il en sortît trop d'ennuis, un endroit perdu maintenant dans ce grand vide qui bouge ... et qui fait mal.
Une guerre vient, une guerre passe. Avant de passer elle se dépense beaucoup. Elle se dépense énormément. Il est donc naturel qu'elle écrase par-ci par-là quelques crânes. C'est ce que le trépané se dit. Il ne veut pas de pitié. Il voudrait seulement rentrer dans sa téte.
Que ce soit le jour, que ce soit la nuit, il est un trépané. Quoique la lumière la plus atténuée de la lampe la plus douce lui fasse mal à présent (car tout est brutal qui entre par la tête quand quelque chose de vraiment brutal y est une première fois entré), il la préfère peut-être au noir où l'on songe. Mais ce n'est pas une vraie préférence.
Il ne cherche pas cela, il cherche, il cherche uniquement, il cherche sans cesse, il ne cherche qu'à remonter dans sa tête.

LES TRAVAUX DE SISYPHE

La nuit est un grand espace cubique. Résistant. Extrêmement résistant. Entassement de murs et en tous sens, qui vous limitent, qui veulent vous limiter. Ce qu'il ne faut pas accepter.
Moi, je n'en sors pas. Que d'obstacles pourtant j'ai déjà renversés.
Que de murs bousculés. Mais il en reste. Oh! pour ça, il en reste. En ce moment je fais surtout la guerre des plafonds.
Les voûtes dures qui se forment au-dessus de moi, car il

Besonders eine Stelle, die er gut kennt, er ganz allein, denn von dort sah er die andern kommen mit ihren kleinen Angelegenheiten, und von dort aus verstand er sie im Zaum zu halten, wenn es sein mußte, ganz sanft, ohne daß zuviel Ärger daraus entstand; diese Stelle ist jetzt verlorengegangen in dem großen Vakuum, das sich vage bewegt . . . und wehtut.
Ein Krieg bricht aus, ein Krieg geht vorüber. Bevor er vorübergeht, stürzt er sich in große Unkosten. Er tobt sich unerhört aus. Es ist also ganz natürlich, daß er hier und dort ein paar Schädel zertrümmert. So sagt sich auch der Trepanierte. Er will kein Mitleid. Er möchte nur in seinen Kopf heimkehren.
Sei es am Tage, sei es bei Nacht, er ist ein Trepanierter. Das gedämpfteste Licht der mildesten Lampe tut ihm jetzt weh (denn alles ist brutal, was in den Kopf hereinkommt, wenn etwas wahrhaft Brutales einmal, ein erste Mal, eingedrungen ist), und doch zieht er es vielleicht dem schwarzen Vakuum vor, wo nur geträumt wird. Aber das ist keine echte Vorliebe.
Er sucht nicht dies, er sucht, und er sucht einzig und allein, sucht unaufhörlich, sucht nichts anderes als die Heimkehr hinauf in seinen Kopf.

DIE ARBEITEN DES SISYPHUS

Die Nacht ist ein großer kubischer Raum. Widerstandsfähig. Äußerst widerstandsfähig. Aufstau von Mauern in allen Richtungen, die dir Grenzen setzen, Grenzen setzen wollen. Was nicht akzeptiert werden darf.
Ich aber, ich komme darüber nicht hinaus. Wie viele Hindernisse habe ich trotzdem schon umgestürzt.
Wie viele Mauern zu Boden geworfen. Aber es bleiben noch welche. O trotzdem, es bleiben immer noch welche. Gegenwärtig führe ich vor allem Krieg gegen die Deckengewölbe.
Die harten Wölbungen, die sich über mir bilden, denn daran

s'en présente, je les martèle, je les pilonne, je les fais sauter, éclater, crever, il s'en trouve toujours d'autres par derrière. De mon énorme marteau jamais fatigué, je leur assène des coups à assommer un mammouth s'il s'en trouvait encore un... et là. Mais il ne s'y rencontre que voûtes, voûtes têtues, cependant qu'il faut qu'elles se brisent et s'abattent. Il s'agit ensuite de désencombrer ce lieu conquis des débris qui masquent ce qui vient au delà, que je ne devine d'ailleurs que trop, car il m'est évident qu'il y a encore une voûte plus loin, plus haut, qu'il faudra abattre aussi.

Ce qui est dur sous moi, ne me gêne pas moins, obstacle que je ne puis, que je ne dois supporter, matière du même immense bloc détesté où j'ai été mis à vivre.

À coups de pic, je l'éventre, puis j'éventre le suivant.

De cave en cave, je descends toujours, crevant les voûtes, arrachant les étais.

Je descends imperturbable, infatigué par la découverte de caves sans fin dont il y a un nombre que depuis longtemps j'ai cessé de compter, je creuse, je creuse toujours jusqu'à ce que, un travail immense fait, je sois obligé de remonter pour me rendre compte de la direction suivie, car on finit par creuser en colimaçon. Mais arrivé là-haut, je suis pressé de redescendre, appelé par l'immensité des réduits à défoncer qui m'attendent. Je descends sans faire attention à rien, en enjambées de géant, je descends des marches comme celles des siècles – et enfin, au delà des marches, je me précipite dans le gouffre de mes fouilles, plus vite, plus vite, plus désordonnément, jusqu'à buter sur l'obstacle final, momentanément final, et je me remets à déblayer

fehlt es nicht, bearbeite ich mit dem Hammer, bearbeite ich mit dem Stößel, ich lasse sie zerspringen, aufplatzen, auseinanderbrechen, dahinter finden sich immer wieder andre. Mit meinem ungeheuren, unermüdlichen Hammer bringe ich ihnen Schläge bei, die ein Mammut zu Boden schmettern müßten, wenn sich dort eines befände ... Aber dort begegnet man nur Wölbungen, hartnäckigen Wölbungen, die dennoch zerbrechen und herabfallen müssen. Dann handelt es sich darum, diesen eroberten Raum von den Trümmern freizumachen, die das Darüberliegende maskieren, das ich übrigens nur allzu gut errate, denn es ist mir klar, da ist noch eine weitere, höhere Wölbung, und die muß ebenfalls heruntergeschlagen werden.
Das was unter mir hart ist, ärgert mich nicht weniger, ein Hemmnis, das ich weder ertragen kann noch darf, Material vom gleichen unermeßlichen Block, den ich verabscheue, auf den ich aber hingesetzt bin, um zu leben.
Mit Spitzhackhieben reiße ich den Boden auf, dann reiße ich den nächstfolgenden auf.
Von Keller zu Keller steige ich hinab und immer wieder hinab, zersprenge die Wölbungen, reiße die Stützen heraus.
Unerschütterlich steige ich hinab, nicht zu ermüden durch die Entdeckung von Kellern ohne Ende; sie folgen in einer Anzahl aufeinander, die ich seit langem zu zählen aufgehört habe, ich grabe, ich grabe immerfort weiter, solange bis ich nach Ableistung einer ungeheuren Arbeit gezwungen bin, wieder hinaufzusteigen, um mir Rechenschaft über die eingeschlagene Richtung abzulegen, denn schließlich gräbt man in Schneckenwindungen. Oben angekommen jedoch, muß ich in Eile wieder hinabsteigen, gerufen von der ungeheuren Ausdehnung der Schlupfwinkel, die darauf warten, von mir aufgebrochen zu werden. Ich steige hinab, ohne auf irgend etwas achtzugeben, mit Gigantenschritten steige ich hinab, auf Stufen, die wie Jahrhunderte sind – und schließlich, jenseits der Stufen, stürze ich mich in den Abgrund meiner Grabungen, immer schneller und schneller und immer planloser, bis ich auf ein letztes Hindernis stoße, ein momentan letztes, und ich fange wieder an

avec une fureur nouvelle, à déblayer, à déblayer, creusant dans la masse des murs qui n'en finissent pas et qui m'empêchent de partir du bon pied.
Mais la situation un jour, se présentera différente, peut-être.

LES SIGNES EXTÉRIEURS

Ce sont les vertiges qui sont mes rivières vives. C'est la fatigue qui est ma nage dans les nénuphars. La vigie qui apparaît si haut, c'est mon mal, et le navire que je vois ne saignerait point par ses écubiers, si je ne perdais mes forces moi-même.
Poteaux à tête de vautour. Poteaux doubles. Poteaux têtus, comme suicidés debout. D'aucun pays, je le sais, vous n'annoncez l'approche. Je ne vous reconnais que trop pour ce que vous êtes réellement et vous comprends en m'en désolant.

ENTRE CIEL ET TERRE

Quand je ne souffre pas, me trouvant entre deux périodes de souffrance, je vis comme si je ne vivais pas. Loin d'être un individu chargé d'os, de muscles, de chair, d'organes, de mémoire, de desseins, je me croirais volontiers, tant mon sentiment de vie est faible et indéterminé, un unicellulaire microscopique, pendu à un fil et voguant à la dérive entre ciel et terre, dans un espace incirconscrit, poussé par des vents, et encore, pas nettement.

abzutragen, abzutragen, mit neuer Wut abzutragen, Gänge aushebend in der Masse der Mauern, die nicht aufhören mich zu hindern, leichten Fußes hinauszukommen.
Doch vielleicht wird sich die Lage eines Tages anders darstellen.

GRENZMARKEN

Die Schwindelanfälle sind meine lebendigen Flüsse. Die Müdigkeit ist meine Seerosenschaukel. Der Mastkorb, der so hoch erscheint, ist meine Krankheit, und das Schiff, das ich sehe, könnte gar nicht aus seinen Klüsen bluten, wenn ich selbst nicht meine Kräfte verlöre.
Geierkopf-Pfähle. Doppelpfähle. Starrköpfige Pfähle, wie Selbstmord im Stehen. Ich weiß, ihr kündigt keines Landes Näherkommen an. Nur zu sehr erkenne ich euch als das, was ihr wirklich seid, und begreife euch, indem ich mich darüber gräme.

ZWISCHEN HIMMEL UND ERDE

Wenn mir nichts wehtut, in einer Pause zwischen zwei Leiden, dann lebe ich als lebte ich nicht. Weit davon entfernt, ein mit Knochen, Muskeln, Fleisch, Organen, Gedächtnis, An- und Absichten bestücktes Individuum zu sein, würde ich mich eher, so schwach und unbestimmt ist mein Lebensgefühl, für einen mikroskopischen Einzeller halten, an einem Faden aufgehängt, zwischen Himmel und Erde dahinsegelnd, in einem umrißlosen Raum, von den Winden getrieben, und auch das noch nicht einmal mit Gewißheit.

Deutsch von Kurt Leonhard

KONTERFEI DER MEIDOSEMEN

Portrait des Meidosems (1948)

D'ailleurs, comme toutes les Meidosemmes, elle ne rêve que d'entrer au Palais de Confettis.

*

Et pendant qu'il la regarde, il lui fait un enfant d'âme.

*

Immensité déserte. Château pareillement désert. Altier, mais désert. Et pendille son enfant dans le vent, dans la pluie.
Pourquoi? Parce qu'il ne pourrait le ramener chez lui, vivant. Du moins il ne sait comment s'y prendre. Et pendille son enfant dans le vent et la pluie. Dans ce dénuement il vit. Maigrement.
Et tous deux de cela ils souffrent. Mais ils n'arrivent pas à changer la situation qui en aurait tellement besoin.
Maintenant U.L. Voici les rapports qu'il a avec le sien. Son enfant à lui n'est pas si loin. Pas à plus de dix pas. Cela n'en vaut guère mieux. À peine s'il l'observe. De loin en loin, il lui fait: »Tut! Tut!« C'est tout. Ils n'ont pas d'autre commerce. Ce n'est pas très réconfortant. Non, ce n'est pas très réconfortant: »Tut! Tut!« crié d'un souffle d'ailleurs retenu. Pauvre secours. Mais pas nul, pourtant, non, pas nul.
Les Meidosems ont encore bien d'autres façons fâcheuses de traiter leurs enfants d'âme. Il faudra en parler. Il n'y a guère d'enfants d'âme heureux.

*

L'horloge qui bat les passions dans l'âme des Meidosems s'éveille. Son temps s'accélère. Le monde alentour se hâte, se précipite, allant vers un destin soudain margué.
Le couteau qui travaille par spasmes attaque, et le bâton qui baratte le fond s'agite violemment.

Außerdem träumt sie, wie alle Meidosemenmädchen, nur davon, einmal ins Confetti-Palais zu kommen.

*

Und während er sie anblickt, macht er ihr ein Seelenkind.

*

Öde Unermeßlichkeit. Ein Schloß – ebenso öde. Stolz; aber öde. Und läßt sein Kind im Wind, im Regen baumeln.
Weshalb? Weil er es nicht lebendig zu sich hereinziehen könnte. Mindestens weiß er nicht, wie er das anfangen sollte. Und läßt sein Kind im Wind, im Regen baumeln. In solcher Dürftigkeit lebt er. Kümmerlich.
Und alle beide leiden darunter. Aber sie gelangen nicht dazu, ihre Lage zu ändern, so sehr sie einer Änderung bedürfte.
Jetzt U. L. Das sind die Beziehungen, die er mit dem seinen hat. Sein Kind ist nicht weit entfernt. Nicht weiter als zehn Schritte. Doch das ist kaum günstiger. Mit Mühe und Not behält er es eben noch im Auge. Dann und wann macht er »Tüt! Tüt!« zu ihm. Das ist alles. Sie haben keinen anderen Umgang. Das ist nicht sehr erquickend. Nein, sehr erquickend ist das nicht: »Tüt! Tüt!« gerufen und überdies noch mit verhaltenem Atem. Ein ärmlicher Beistand.
Aber keineswegs nichts, immerhin, nein, keineswegs nichts. Die Meidosemen haben noch viele andere schnöde Arten, ihre Seelenkinder zu behandeln. Man wird davon reden müssen. Es gibt kaum Seelenkinder, die glücklich wären.

*

Das Uhrwerk erwacht, das in der Meidosemenseele die Stunde der Leidenschaft schlägt. Seine Zeit beschleunigt sich.
Die Welt ringsumher hastet heran, stürzt hinweg, eilt einem plötzlich bezeichneten Schicksal entgegen.
Das Messer setzt an, das in Krämpfen arbeitet, und der Stampfer, der den Grund aufrührt, gerät in heftige Bewegung.

*

Trente-quatre lances enchevêtrées peuvent-elles composer un être? Oui, un Meidosem. Un Meidosem souffrant, un Meidosem qui ne sait plus où se mettre, qui ne sait plus comment se tenir, comment faire face, qui ne sait plus être qu'un Meidosem.
Ils ont détruit son »un«.
Mais il n'est pas encore battu. Les lances qui doivent lui servir utilement contre tant d'ennemis, il se les est passées d'abord à travers le corps.
Mais il n'est pas encore battu.

*

Ils prennent la forme de bulles pour rêver, ils prennent la forme de lianes pour s'émouvoir.
Appuyée contre un mur, un mur du reste que personne ne reverra jamais, une forme faite d'une corde longue est là. Elle s'enlace.
C'est tout. C'est une Meidosemme.
Et elle attend, légèrement affaissée, mais bien moins que n'importe quel cordage de sa dimension appuyé sur lui-même.
Elle attend.
Journées, années, venez maintenant. Elle attend.

*

L'élasticité extrême des Meidosems, c'est là la source de leur jouissance. De leurs malheurs, aussi.
Quelques ballots tombés d'une charrette, un fil de fer qui pendille, une éponge qui boit et déjà presque pleine, l'autre vide et sèche, une buée sur une glace, une trace phosphorescente, regardez bien, regardez. Peut-être est-ce un Meidosem. Peut-être sont-ils tous des Meidosems ... saisis, piqués, gonflés, durcis, par des sentiments divers ...

*

Kann aus vierunddreißig ineinander verschränkten Lanzen ein Wesen entstehen? Ja, ein Meidosem. Ein leidender Meidosem. Ein Meidosem, der nicht mehr weiß, wohin sich wenden, der nicht mehr weiß, wie sich wahren, wie sich wehren, der nichts mehr zu sein weiß als ein Meidosem.
Sie haben sein »ein« zerstört.
Aber noch ist er nicht besiegt. Die Lanzen, die ihm gegen so viele Feinde gute Dienste leisten sollen, hat er sich zuerst durch den eigenen Leib gebohrt.
Aber noch ist er nicht besiegt.

*

Sie nehmen Blasenform an, um zu träumen, sie nehmen Lianenform an, um sich zu erregen.
An eine Wand gelehnt, eine Wand übrigens, die niemand ein zweites Mal sehen wird, hat sich eine Form gebildet, dort, aus einem langen Seil. Sie umschlingt sich selbst.
Das ist alles. Das ist eine Meidosemin.
Und sie wartet, ein wenig zusammengesunken, aber sehr viel weniger als irgendein Seilwerk ihres Umfanges, das sich selber tragen müßte.
Sie wartet.
Tage, Jahre, jetzt kommt nur. Sie wartet.

*

Die äußerste Dehnbarkeit der Meidosemen, das ist die Quelle ihrer Freude. Auch ihrer Leiden.
Ein paar Bündel, die aus einem Karren gefallen sind, ein Stück Draht, das herunterbaumelt, ein Schwamm, der trinkt und schon fast voll ist, ein anderer leer und trocken, ein Hauch auf einer Scheibe, eine phosphoreszierende Spur, schaut nur richtig hin, schaut hin. Vielleicht ist's ein Meidosem. Vielleicht sind's allesamt Meidosemen ... gepackt, gezwickt, gebläht, gedörrt von verschiedenartigen Empfindungen ...

*

Ce troupeau qui vient là, comme des pachydermes lents, avançant à la file, leur masse est et n'est pas. Qu'en feraient-ils? Comment la porteraient-ils? Cette lourdeur, cette démarche enkylosée n'est qu'un parti qu'ils ont pris pour échapper à leur légèreté qui les épouvante à la longue.
Et va le cortège des énormes baudruches qui essaie de s'en faire accroire.

*

Sur ses longues jambes fines et incurvées, grande, gracieuse Meidosemme.
Rêve de courses victorieuses, âme à regrets et projets, âme pour tout dire.
Et elle s'élance éperdue dans un espace qui la boit sans s'y intéresser.

*

Ces centaines de fils parcourus de tremblements électriques, spasmodiques, c'est avec cet incertain treillis pour face que le Meidosem angoissé essaie de considérer avec calme le monde massif qui l'environne.
C'est avec quoi il va répondre au monde, comme une grelottante sonnerie répond.
Tandis que secoué d'appels, frappé, et encore frappé, appelé et encore appelé, il aspire à un dimanche, un dimanche vrai, jamais arrivé encore.

*

Le voilà qui file comme un obus. Vitesse que l'œil ne peut suivre. Qu'arrivera-t-il? Qu'il se rompra en cent morceaux à l'arrivée, à coup sûr et dans le sang. Oh non, il n'est même pas parti.
Il n'est parti que de sa marche d'âme.

*

Diese Herde, die dort einherkommt, wie langsame Dickhäuter, die sich im Gänsemarsch fortbewegen: ihre Masse ist und ist nicht. Was sollten sie damit anfangen? Wie könnten sie sie tragen? Diese Plumpheit, dieser steifbeinige Gang ist nur eine Lage, in die sie sich versetzen, um ihrer sie auf die Dauer erschreckenden Leichtigkeit zu entrinnen.
Und so geht er hin, der Aufzug der unerhörten Windbälle, der sich dies weiszumachen sucht.

*

Auf ihren langen, feinen, schwungvollen Beinen, große, graziöse Meidosemin.
Traum von siegreichen Wettkämpfen, Seele, die verwirft und entwirft, ganz und gar Seele.
Hingerissen stürzt sie sich in einen Raum, der sie trinkt, ohne auch nur darauf zu achten.

*

Mit diesen Hunderten von Fäden, die von krampfartigen elektrischen Erschütterungen durchlaufen werden, mit diesem ungewissen Netzwerk als Antlitz versucht der geängstete Meidosem, die massive Welt, die ihn umgibt, in Ruhe zu betrachten.
Dies ist es, womit er der Welt antwortet, wie ein klirrendes Läutwerk antwortet.
Während er von Alarmrufen geschüttelt wird, geschlagen und nochmals geschlagen, gerufen und nochmals gerufen, sehnt er sich nach einem Sonntag, einem wahren Sonntag, der noch nie gekommen ist.

*

Da flitzt er hin wie eine Granate. Geschwindigkeit! Das Auge kann nicht folgen. Was wird ihm geschehen? Bei der Ankunft zerspringt er in hundert Stücke, ganz gewiß, und endet im Blut. O nein, er ist ja nicht einmal losgelaufen.
Nur mit seinem Seelengange ist er losgelaufen.

*

C'est aujourd'hui l'après-midi du délassement des Meidosemmes. Elles montent dans les arbres. Pas par les branches, mais par la sève.
Le peu de forme fixe qu'elles avaient, fatiguées à mort, elles vont la perdre dans les rameaux, dans les feuilles et les mousses et dans les pédoncules.
Ascension ivre, douce comme savon entrant dans la crasse. Vite dans l'herbette, lentement dans les vieux trembles. Suavement dans les fleurs. Sous l'infime mais forte aspiration des trompes de papillons, elles ne bougent plus.
Ensuite, elles descendent par les racines dans la terre amie, abondante en bien des choses, quand on sait la prendre.
Joie, joie qui envahit comme envahit la panique, joie comme sous une couverture.
Il faut ensuite ramener à terre les petits des Meidosems qui, perdus, éperdus dans les arbres, ne peuvent s'en détacher.
Les menacer, ou encore les humilier. Ils s'en reviennent alors, on les détache sans peine et on les ramène, emplis de jus végétal et de ressentiment.

*

Dans la glace, les cordons de ses nerfs sont dans la glace.
Leur promenade y est brève, travaillée d'élancements, de barbes d'acier sur le chemin du retour au froid du Néant.
La tête crève, les os pourrissent. Et les chairs, qui parle encore de chairs? Qui s'attend encore à des chairs?
Cependant, il vit.
L'horloge roule, l'heure s'arrête. Le boyau du drame, il y est.
Sans avoir à y courir, il y est ...

*

Heute ist der freie Nachmittag der Meidoseminnen. Sie steigen in die Bäume. Nicht über die Äste, sondern mit dem Saft.

Das bißchen feste Form, das sie hatten, todmüde wie sie waren, verlieren sie in den Zweigen, in den Blättern und den Moosen und den Blütenstengeln.

Trunkener Aufstieg, weich, wie Seife in Schlamm hineingleitet. Rasch in den jungen Halm, langsam in die alten Espen. Zärtlich in die Blüten. Unter dem feinen aber starken Sog der Schmetterlingsrüssel rühren sie sich nicht mehr.

Dann steigen sie durch die Wurzeln hinab in die befreundete Erde, die von vielen Dingen überquillt, wenn man sie richtig behandelt.

Freude, Freude, überwältigend, wie Panik überwältigt, Freude wie unter einer Decke.

Hernach müssen die Kleinen der Meidosemen auf die Erde zurückgeholt werden, die sich in den Bäumen versäumt, verträumt haben und sich nicht mehr davon losmachen können.

Man muß ihnen drohen oder auch sie beschämen. Sie kommen dann wieder zu sich, man macht sie ohne Mühe los und holt sie herunter, ganz angefüllt mit Pflanzensaft und Nachgefühl.

*

Im Eise, seine Nervenstränge sind im Eise.

Dort ist ihr Auslauf kurz, ein Aufschnellen unter Stichen von Strahlstacheln auf dem Rückweg zur Kälte des Nichts.

Der Kopf zerspringt, die Knochen verfaulen. Und das Fleisch? Wer spricht noch von Fleisch? Wer könnte noch daran denken, Fleisch vorzufinden?

Dennoch, er lebt.

Die Uhr dreht sich, die Stunde steht still. Der Engpaß des Dramas ist erreicht.

Ist erreicht: ohne es eilig zu haben . . .

Le marbre sue, l'après-midi s'enténèbre.
Cependant, il vit . . .

*

Oh! Elle ne joue pas pour rire. Elle joue pour tenir, pour se retenir.
Lune qui s'accroche, lune qui se décroche.
Elle joue une bille contre un bœuf et elle perd un chameau.
Erreur? Oh non, il n'y a jamais erreur dans le cercle fatal.
Il n'y a pas de rire. Pas place pour rire. Toute mobilisée pour souffrir, pour tenir.
Le cuvier des larmes est plein jusqu'au bord.

Die Marmorplatte beschlägt sich, der Nachmittag dämmert ein.
Dennoch, er lebt . . .

*

O sie spielt nicht, um zu lachen. Sie spielt, um durchzuhalten, um sich zu verhalten.
Mond, der sich einhängt, Mond, der sich aushängt.
Sie setzt eine Murmel gegen einen Ochsen und verliert ein Kamel.
Irrtum? O nein, es gibt niemals Irrtum im Schicksalszirkel.
Es gibt kein Lachen. Keinen Platz für das Leben. Ganz im Gange wie sie ist, um zu leiden, um auszuhalten.
Der Zuber der Tränen ist voll bis zum Rand.

Deutsch von Kurt Leonhard

GESANG STATT GEWALT

Poésie pour Pouvoir (1949)

À TRAVERS MERS ET DÉSERT

Efficace comme le coït avec une jeune fille vierge
Efficace
Efficace comme l'absence de puits dans le désert
Efficace est mon action
Efficace

Efficace comme le traître qui se tient à l'écart entouré de ses hommes prêts à tuer
Efficace comme la nuit pour cacher les objets
Efficace comme la chèvre pour produire des chevreaux
Petits, petits, tout navrés déjà

Efficace comme la vipère
Efficace comme le couteau effilé pour faire la plaie
Comme la rouille et l'urine pour l'entretenir
Comme les chocs, les chutes et les secousses pour l'agrandir Efficace est mon action

Efficace comme le sourire de mépris pour soulever dans la poitrine du méprisé un océan de haine, qui jamais ne sera asséché
Efficace comme le désert pour déshydrater les corps et affermir les âmes
Efficace comme les mâchoires de l'hyène pour mastiquer les membres mal défendus des cadavres
EFFICACE
Efficace est mon action

AGIR, JE VIENS

Poussant la porte en toi, je suis entré
Agir, je viens
Je suis là

QUER ÜBER MEERE UND WÜSTEN

Machtvoll wie der Beischlaf mit einem jungfräulichen Mädchen
Machtvoll
Machtvoll wie der Durst in einer brunnenlosen Wüste
Machtvoll ist meine Tat
Machtvoll

Machtvoll wie der Verräter der sich versteckt hält von seinen Männern die zum Töten bereit sind umgeben
Machtvoll wie die Nacht um die Gegenstände zu verbergen
Machtvoll wie die Ziege um Geißlein hervorzubringen
Kleine kleine schon ganz betrübte

Machtvoll wie die Giftschlange
Machtvoll wie das spitze Messer um die Wunde zu erzeugen
Wie Rost und Urin sie offen zu halten
Wie Schläge Stürze und Stöße um sie zu vergrößern
Machtvoll ist meine Tat

Machtvoll wie das Lächeln der Verachtung um in der Brust des Verachteten einen Ozean von Haß aufzurühren der niemals austrocknen wird
Machtvoll wie die Wüste um die Körper zu entwässern und die Seelen zu festigen
Machtvoll wie die Kinnbacken der Hyäne um die schlecht verteidigten Gebeine der Leichname zu kauen
MACHTVOLL
Machtvoll ist meine Tat

ICH KOMME, ICH HANDLE

Die Tür aufstoßend in dir, bin ich hereingetreten
Ich komme, ich handle
Ich bin da

Je te soutiens
Tu n'es plus à l'abandon
Tu n'es plus en difficulté
Ficelles déliées, tes difficultés tombent
Le cauchemar d'oú tu revins hagarde n'est plus
Je t'épaule
Tu poses avec moi
Le pied sur le premier degré de l'escalier sans fin
Qui te porte
Qui te monte
Qui t'accomplit

Je t'apaise
Je fais des nappes de paix en toi
Je fais du bien à l'enfant de ton rêve
Afflux
Afflux en palmes sur le cercle des images de l'apeurée
Afflux sur les neiges de sa pâleur
Afflux sur son âtre ... et le feu s'y ranime

AGIR, JE VIENS
Tes pensées d'élan sont soutenues
Tes pensées d'échec sont affaiblies
J'ai ma force dans ton corps, insinuée
... et ton visage, perdant ses rides, est rafraîchi
La maladie ne trouve plus son trajet en toi
La fièvre t'abandonne

La paix des voûtes
La paix des prairies refleurissantes
La paix rentre en toi
Au nom du nombre le plus élevé, je t'aide
Comme une fumerolle
S'envole tout le pesant de dessus tes épaules accablées

Ich stehe dir bei
Du bist nicht mehr verlassen
Du bist nicht mehr in Schwierigkeiten
Die Fäden sind gelöst, und deine Schwierigkeiten fallen
Der Alptraum, aus dem du verstört erwachtest, ist nicht mehr
Ich stütze deine Schulter
Du stellst mit mir
Den Fuß auf die erste Stufe der endlosen Treppe
Die dich trägt
Die dich hinaufträgt
Die dich zur Erfüllung hinaufträgt

Ich besänftige dich
Ich schaffe in dir einen faltenlosen Frieden
Ich tue Gutes dem Kind deines Traumes
Andrang
Andrang mit Palmzweigen zum Bilderkreis der Angstgequälten
Andrang zu den Schneefeldern ihrer Blässe
Andrang zu ihrem Herd . . . und das Feuer belebt sich wieder darin

ICH KOMME, ICH HANDLE

Die Gedanken deiner Aufschwünge werden bestärkt
Die Gedanken deiner Niederlagen werden geschwächt
Ich habe meine Kraft in deinen Leib hineingeflößt
. . . und dein Gesicht verliert seine Runzeln und wird wieder frisch
Die Krankheit findet keinen Weg mehr in dir
Das Fieber verläßt dich

Der Friede der Wölbungen
Der Friede der wiederaufblühenden Wiesen
Der Friede kehrt wieder in dich ein
Im Namen der höchsten Zahl helfe ich dir
Leicht wie eine Fumarole
Verdampft alles Schwere mit dem deine Schultern beladen waren

Les têtes méchantes d'autour de toi
Observatrices vipérines des misères des faibles
Ne te voient plus
Ne sont plus

Équipage de renfort
En mystère et en ligne profonde
Comme un sillage sous-marin
Comme un chant grave
Je viens
Ce chant te prend
Ce chant te soulève
Ce chant est animé de beaucoup de ruisseaux
Ce chant est nourri par un Niagara calmé
Ce chant est tout entier pour toi

Plus de tenailles
Plus d'ombres noitres
Plus de craintes
Il n'y en a plus trace
Il n'y a plus à en avoir
Où était peine, est ouatet
Où était éparpillement, est soudure
Où était infection, est sang nouveau
Où étaient les verrous, est l'océan ouvert
L'océan porteur et la plénitude de toi
Intacte, comme un œuf d'ivoire.

J'ai lavé le visage de ton avenir.

Die bösen Köpfe um dich herum
Schlangengestaltige Beobachter des Elends der Schwachen
Sehen dich nicht mehr
Sind nicht mehr da

Als Verstärkungskolonne
Insgeheim und in tiefgestaffelter Linie
Wie eine submarine Kielspur
Wie feierlicher Gesang
So komme ich
Dieser Gesang ergreift dich
Dieser Gesang hebt dich empor
Dieser Gesang der seine Seele aus vielen Bächen empfängt
Dieser Gesang der von einem gestillten Niagarafall gespeist wird
Dieser Gesang ist ganz und gar für dich

Keine Kneifzangen mehr
Keine schwarzen Schatten mehr
Keine Befürchtungen mehr
Keine Spur mehr davon
Es kann keine mehr geben
Wo Qual war, ist Watte
Wo Zerfetzung war, ist Verschmelzung
Wo Infektion war, ist neues Blut
Wo Sperren waren, hat sich der Ozean geöffnet
Der tragende Ozean und für dich die Erfüllung
Unversehrt, wie ein Elfenbein-Ei.

Ich habe das Antlitz deiner Zukunft gewaschen.

Deutsch von Kurt Leonhard

WIND UND STAUB

Vents et Poussières (1955)

Louna dit:

Dans ma vie profonde, il ne se passe jamais rien. Les drames sont venus et m'ont frappé. Cependant ils ont été comme s'ils n'avaient pas éte.
Les rêves que je faisais après ces terribles événements étaient rêves d'actions médiocres, dérisoires: je pose un journal sur une banquette, je retire de dessus ma manche un hanneton qui se débat faiblement, un filet d'eau coule, ou je l'entends qui s'arrête de couler.
Un jour dans ma vie, je puis presque dire publique, puisque ce fut au vu de cinq personnes, je commis un meurtre. Les circonstances, il est vrai, semblaient m'excuser. Le tribunal jugea la chose ainsi, mais pas moi. Le soir de ce jour affreux entre tous, devant le cauchemar certain qui m'attendait, je n'osais m'assoupir. Seule la prostration, pour finir, me renversa dans le sommeil, où un rêve cette fois bien différent des autres allait sûrement surgir, m'épouvanter, m'imposer sa grandeur. Mais non. Rien de changé. Père m'y apparut, rectifia légèrement de sa main droite la ligne de ma cravate, partit, et la nuit s'acheva dans le quelconque.
C'est en considérant ces misérables rêves, dénonciateurs de ma misérable vie, que j'en suis venu à attendre, à attendre avec soif, un grand, un écrasant cataclysme, qui m'emporte moi-même ... mais pas tout de suite, pas avant une dernière nuit de rêves.
Que je sache enfin, par de somptueuses et tragiques images, que je suis venu au monde autrement que pour une manche tachée, une tasse renversée ou pour poser un journal sur une banquette.

WIND UND STAUB

Louna sagte:

In der Tiefe meines Wesens ereignet sich nie etwas.
Dramen sind gekommen, haben mich getroffen. Jedoch sie sind gewesen, als wären sie nicht gewesen.
Die Träume, die ich nach solchen schrecklichen Ereignissen hatte, waren Träume von alltäglichen, lächerlichen Handlungen: ich lege eine Zeitung auf die Bank, ich nehme von meinem Ärmel einen Maikäfer ab, der sich schwach zur Wehr setzt, ein Wässerchen rinnt, oder ich höre, wie es aufhört zu rinnen.
Eines Tages in meinem Leben – fast könnte ich sagen in meinem öffentlichen Auftreten, denn fünf Personen haben es gesehen – beging ich einen Mord. Zwar schienen mich die Umstände zu entschuldigen. So beurteilte der Gerichtshof die Sache, ich aber nicht. Am Abend dieses schrecklichsten aller Tage wagte ich nicht einzuschlafen aus Furcht vor dem Alptraum, der mich gewiß erwartete. Nur die Erschöpfung warf mich am Ende in den Schlaf, aus dem dieses Mal sicherlich ein von den andern sehr verschiedener Traum entspringen, mich schrecken, mir seine Größe aufzwingen mußte. Doch nein. Nichts war anders. Vater erschien mir, verbesserte leicht mit seiner rechten Hand den Sitz meiner Krawatte, ging fort, und die Nacht lief im beliebigen ab.
Angesichts dieser kläglichen Träume, die von meinem kläglichen Leben zeugen, bin ich dazu gelangt, sagte Louna, auf eine große, auf eine vernichtende Umwälzung zu warten, mit wahrem Durste zu warten, die mich selbst fortrisse ... aber nicht vor dem morgigen Tag, nicht vor der Nacht, nicht vor einem letzten Traum.
Damit ich endlich wisse, durch prachtvolle und tragische Bilder, daß ich für anderes auf die Welt gekommen bin als für einen Fleck am Ärmel, eine umgeworfene Tasse oder um eine Zeitung auf eine Bank zu legen.

*

Le vent et la poussière me poussèrent vers la mer, et je ne pus revenir, avant que de longues périodes de temps s'ajoutant les unes aux autres dans les vagues et les îles, avant que le soutien de beaucoup, qui avaient vu ma nage infatigable, s'ajoutant à l'aide d'inconnus dévoués aux malheureux, avant que ma silhouette décharnée suscitant la pitié générale, avant que le bruit de la continuation sans repos de ma nage insensée émouvant enfin ceux de ma patrie, on envoyât à ma recherche, à ma rencontre et même à ma poursuite.
Ils me voulaient à présent pour la célébration de fêtes en mon honneur, hommage à mes périples extraordinaires et extravagants pour un simple nageur. Dans l'allégresse générale, puérile ou lourde des gens de la terre et des villes, tout leur paraissait joyeux retour. Tout me parut tombeau. Entré dans le suaire (était-ce vraiment un vêtement?), je les écoutais, tantôt distrait comme on écoute les murmures d'un chien endormi, tantôt inquiet comme au bruit lointain de trompettes retentissantes, et me remuais dans la peur de ne pouvoir bientôt regagner la haute mer, à laquelle seule, après tant de désespoirs, j'étais accoutumé.

*

Toute la journée, je marchai dans des meules d'alfa. Elles étaient hautes. Elles étaient nombreuses.
Ce n'étaient que dégringolades, escalades, dégringolades. Que de meules! Et serrées, impossibles à contourner. Il fallait sans cesse passer par-dessus. Ah! mes jambes molles dans ces absurdes douceurs, dans ces grands tas flanchants, qui n'ont rien à donner de solide aux pieds et à la marche.
La fin de la journée n'arrivait pas. La fin de l'épreuve non plus n'arrivait pas. Peut-être les meules, quoique toujours aussi hautes, impossibles à enjamber d'un élan (et

*

Wind und Staub trieben mich zum Meer, und ich konnte nicht zurückkehren. Erst mußten lange Zeiträume zwischen den Wogen, zwischen den Inseln aufeinanderfolgen, erst mußte sich die Hilfe vieler Zeugen meines unermüdlichen Schwimmens mit dem Beistand Unbekannter verbinden, die für die Unglücklichen leben, erst mußte meine abgezehrte Silhouette allgemeines Mitleid erwecken, erst mußte das Gerücht von meinem unsinnigen, ruhelos fortgesetzten Schwimmen endlich die in meinem Vaterland rühren. Man mußte mich suchen lassen, mir begegnen, ja mich verfolgen.
Jetzt wollten sie mich haben, um mir zu Ehren Feste zu veranstalten, meine Seereisen zu feiern, die für einen einfachen Schwimmer so ungewöhnlich und extravagant waren. Den Leuten vom Lande und aus den Städten, in ihrer kindlichen oder schwerfälligen Fröhlichkeit, war alles eine glückliche Heimkehr. Mir war alles ein Grab. Ins Leichentuch gehüllt (war es wirklich ein Gewand?), hörte ich sie an, zerstreut, wie man das Knurren eines schlafenden Hundes hört, oder beunruhigt wie vom fernen Klang widerhallender Trompeten, und ich rückte hin und her in der Furcht, nicht bald genug wieder das hohe Meer zu erreichen, das mir nach so vielen Verzweiflungen zur einzigen Heimat geworden war.

*

Den ganzen Tag watete ich in Schobern von Espartogras. Sie waren hoch. Sie waren zahlreich.
Es gab nur Stolpern, Klettern, Stolpern. So viele Schober! Und dichtgedrängt, unmöglich zu umgehen. Man mußte fortwährend darüber hinweg. Ach wie schwach wurden mir die Beine in dieser absurden Weichlichkeit, in diesen großen schwankenden Haufen, die den Füßen und dem Gang nichts Festes zu bieten haben.
Das Ende des Tages wollte nicht kommen. Das Ende der Prüfung ebensowenig. Vielleicht waren die Schober, obwohl noch immer gleich hoch und unmöglich in einem Anlauf zu

où prendre son élan, serrées comme elles étaient l'une contre l'autre?), étaient-elles un peu plus fermes, un peu moins pour faire tomber. De ce côté, ça allait mieux, mais un insupportable croc me tenait par les narines, me tirait en avant comme un tord-nez entraîne un taurillon, ne me laissant dans ma grande lassitude aucun repos, me tenant sans me permettre de reprendre haleine, et sans que les muscles de mes jambes pussent reprendre force. J'avançais saoûl, stupide, déchu, bétail d'un maître inconnu.

Plutôt que de me lamenter, sachant le Maître intraitable, je supputais la fin de l'imbécile aventure. Le Maître aussi se lasse, réfléchissais-je. Demain, peut-être après-demain, serai-je au repos. Oui, peut-être même dans l'après-midi, et déjà, dans mon enfer, j'en savourais la détente.

*

Dans ma rotonde élevée, je contemple, par cinq fenêtres, donnant sur des brouillards, je tente de contempler la ville en bas qui, je le sais, m'entoure.

L'amas de perpétuels nuages lent, saliveux, permet, rarement et pour peu de temps, à peu de tours d'émerger et aussi à quelques cheminées d'une exceptionnelle hauteur, employées à refouler des fumées, des fumées, incessamment des fumées, dont les mèches obscures vont encore davantage épaissir l'ouate qui me cache la ville.

L'apercevrai-je pleinement un jour?

Des rumeurs m'en arrivent, des bruits parfois, troublant l'isolement de la rotonde jusque tard le soir, presque jusqu'en pleine nuit.

On peut craindre que cette cité, constamment se développant (sont activité surtout), ne puisse bientôt plus, même la nuit, s'arrêter de remuer et de s'agiter en son obscur vacarme.

Aussi, le soir, vit-on dans l'inquiétude, à ce bruit d'en bas

erklettern (woher auch den Anlauf nehmen, so aneinandergedrängt wie sie waren?), vielleicht waren sie jetzt ein bißchen fester geschichtet, ein bißchen weniger zu Falle bringend. In dieser Hinsicht ging es besser, aber ein unerträglicher Haken hielt mich an den Nasenlöchern, zog mich voran, wie ein Nasenring einen jungen Stier, ließ mir in meiner großen Müdigkeit keine Ruhe, hielt mich gefangen, ohne mich Atem schöpfen, ohne meine Beinmuskeln Kraft schöpfen zu lassen: Vieh eines unbekannten Herren. So ging ich weiter, betäubt, stumpfsinnig, verfallen.
Da ich die Unerbittlichkeit des Herrn kannte, beklagte ich mich nicht, versuchte vielmehr, mir ein Ende des blöden Abenteuers vorzustellen. Auch der Herr wird einmal müde, überlegte ich. Morgen, vielleicht übermorgen, werde ich Ruhe haben. Ja vielleicht sogar heute nachmittag, und schon kostete ich in meiner Hölle den Vorgeschmack der Erholung.

*

In meiner hochgelegenen Rotunde betrachte ich durch fünf Fenster, die rings auf lauter Nebel blicken, oder versuche ich vielmehr die Stadt zu betrachten, die mich, das weiß ich, dort unten umgibt.
Die Anhäufung von immerwährenden, trägen, schleimigen Wolken erlaubt selten und für kurze Zeit einigen Türmen aufzutauchen und Schornsteinen von außergewöhnlicher Höhe, die dazu dienen, Rauch auszustoßen, Rauch, unaufhörlich Rauch, und seine dunklen Dochte machen die Watte noch dichter, die mir die Stadt verbirgt.
Werde ich sie eines Tages völlig erblicken?
Trübe Geräusche gelangen von dort zu mir, manchmal auch grelle, und sie stören die Isolierung der Rotunde bis zum späten Abend, fast bis tief in die Nacht.
Diese Stadt entwickelt sich ständig (besonders ihre Betriebsamkeit), und es ist zu befürchten, sie könnte bald auch nachts nicht mehr aufhören, sich zu regen und sich zu rühren in ihrem dunklen Getöse.

qui ne diminue point. Puis, comme on allait désespérer, subitement, en quelques minutes, plus de bruits. Ils se sont effacés.
Quelques lumières, peu distinctes, marquent seules l'emplacement du grand tombeau temporaire.
Demain, n'en doutons pas, le tombeau sera ville à nouveau. Mais quelle ville? Le saurai-je jamais?

*

Je vis un arbre dans un oiseau. Celui-ci le réfléchissait tout entier et une brise infiniment légère en assouplissait seulement l'extrême bord des feuilles.
L'oiseau était immobile et grave.
C'était un matin clair, sans soleil, un matin qui ne dévoile rien encore de la journée à venir, ou très peu. Moi aussi, j'étais calme. L'oiseau et moi, nous nous entendions, mais à distance, comme il convient à des êtres d'espèce animale, ayant eu, sans retour possible, une évolution parfaitement divergente.

*

Etrange est notre sol, étrange est notre air. Il nous retire notre chaleur. Il nous retire nos couleurs. L'eau, qui nous permet de vivre, nous fait lentement mourir.
Nos maisons sont petites, nos pièces sont des armoires. Les étrangers se demandent comment nous pouvons y loger. Que répondre? C'est le logement qui nous convient, je suppose.
Nous n'arrivons jamais à nous sentir grands. Le vent est là. Dès que nous mettons le pied dehors, il est là, le vent qui griffe nos âmes. Il n'excite pas. Seulement il retire les forces. Défaut qui va s'ajouter à nos autres défauts.

So lebt man abends in der Unruhe, wenn dieser Lärm von dort unten sich nicht vermindern will. Dann, als man schon anfing zu verzweifeln, plötzlich, in wenigen Minuten, keine Geräusche mehr. Sie sind ausgetilgt.
Einzig ein paar Lichter bezeichnen undeutlich die Lage des großen zeitweiligen Grabes.
Morgen – daran ist nicht zu zweifeln – morgen wird das Grab wieder eine Stadt sein. Aber was für eine Stadt? Werde ich es jemals erfahren?

*

Ich sah einen Baum in einem Vogel, der ihn ganz und gar widerspiegelte. Eine unendlich leichte Brise kräuselte nur gerade den äußersten Rand der Blätter.
Der Vogel blieb unbeweglich und ernst.
Es war ein heller Morgen ohne Sonne, ein Morgen, der noch nichts von dem kommenden Tag erkennen ließ oder sehr wenig. Auch ich verhielt mich still. Der Vogel und ich, wir verstanden uns, wenn auch auf Distanz, wie es sich für Tierarten gehört, die ohne mögliche Umkehr eine völlig auseinanderführende Entwicklung gehabt haben.

*

Seltsam ist unser Boden, seltsam ist unsere Luft. Sie entzieht uns unsere Wärme. Sie entzieht uns unsere Farben. Das Wasser ermöglicht uns das Leben, aber es läßt uns langsam hinsterben.
Unsere Häuser sind klein, unsere Zimmer sind Schränke. Die Fremden fragen sich, wie wir darin wohnen können. Was soll man antworten? Dies ist die Wohnung, die für uns passend ist, nehme ich an.
Wir gelangen nie dazu, uns groß vorzukommen. Der Wind ist da. Sobald wir den Fuß vor die Tür setzen, gleich ist er da, der Wind, und schlägt seine Fänge in unsere Seelen. Er spornt nicht an. Er entzieht nur Kräfte. Fehlbetrag, der zu unseren anderen Fehlbeträgen hinzukommt.

Ici, se place l'histoire de notre reine. Nous avions pensé nous sauver de notre misérable condition, en ayant nous aussi une reine, une reine de rêve, exempte de nos maux. Miracle! Trouvée, elle accepta. L'intronisation se fit dans la ferveur, dans des fêtes sur l'eau, dans l'odeur d'anguille fumée, gratuite et abondante ce jour-là par ordre de la Reine et le peuple était heureux. Peut-être y eut-il exagération, à cause de l'odeur du poisson qui est tenace, qui tenait toute la ville jusqu'à la robe du couronnement et ne s'en alla pas d'une semaine entière. Sur la grand'place, une couronne, une énorme couronne et telle que, se trouvant dessous par milliers, il y avait encore de la place. Comme les pauvres en grandeur, nous étions heureux de cette royauté.
Et puis du temps a passé. Un temps pas très considérable et c'est arrivé. Comment est-ce arrivé? Comment cela a-t-il pu se faire? Comment ne l'a-t-on pas pu empêcher? Enfin, il fallut s'écraser contre ce mur: La Reine avait contracté notre mal. Terrible le grossissement. Atroce la prolifération. Mais nous n'avons rien dit.
D'autres peuples ont eu plus de chance avec leur reine. Ici tout est difficile. Nous ne sommes pas un peuple de ténors.
Mais telle quelle nous l'aimons, notre grosse, laide Reine.

*

La grenouille veut *jouer,* va *jouer un personnage. Sa mâchoire grossit.*
Ce personnage qu'elle va jouer, elle veut qu'il soit à faire frémir, tant sera forte l'impression.
La grenouille y arrivera-t-elle? Que tout son être devienne dur! – elle s'y emploie – dur et ensuite sec!

Hier ist der Ort für die Geschichte unserer Königin. Wir hatten geglaubt, es könnte uns aus unseren elenden Verhältnissen retten, wenn auch wir eine Königin hätten, eine Traumkönigin, die von unseren Übeln verschont wäre. O Wunder! Sie wurde gefunden, und sie war einverstanden. Die Thronbesteigung wurde mit Inbrunst vollzogen, mit Wasserfesten, mit dem Geruch von Räucheraalen, denn die gab es auf Befehl der Königin an diesem Tage kostenlos im Überfluß. Das Volk war glücklich. Vielleicht war einige Übertreibung dabei, wegen des Fischgeruchs, der so zäh haften bleibt, der die ganze Stadt beherrschte, einschließlich der Krönungsgewänder, und eine ganze Woche lang nicht fortging. Auf dem Hauptplatz eine Krone, eine so riesengroße Krone, daß noch Raum darunter blieb, wenn schon Tausende unter ihr standen. Arm an Größe, wie wir waren, fühlten wir uns durch dieses Königtum beglückt.

Und dann ist Zeit vergangen. Nicht sehr viel Zeit, und es ist geschehen. Wie ist es geschehen? Wie konnte so etwas überhaupt vorkommen? Warum hat man es nicht verhindern können? Kurz gesagt, an dieser Mauer mußte man in die Brüche gehen: Die Königin hatte sich unsere Krankheit geholt. Gräßlich, wie dick sie wurde. Grauenhaft, wie ihr Zellgewebe wucherte. Aber wir haben nichts gesagt.

Andere Völker haben mehr Glück gehabt mit ihren Königinnen. Hier ist alles so schwierig. Wir sind kein Volk von Tenören.

Aber so wie sie ist, so lieben wir sie, unsere dicke, häßliche Königin.

*

Eine Rolle *will* er spielen, *wird* er spielen, der Frosch. Seine Kinnlade wird größer.

Er will, daß die Figur zum Zittern sei, die er spielen wird, so starken Eindruck soll sie machen.

Wird der Frosch das erreichen? Dann muß sein ganzes Wesen hart werden! – er arbeitet darauf hin – erst hart und dann trocken!

Du côté de la peau, progrès sensibles. L'attitude et le costume feront le reste.
Seuls, les yeux gardent intacts le glauque et le mouillé de la race, l'étrange échange eau-tissu, si bien étudié chez les batraciens, conduit presque à sa perfection dans une simple rainette, trônant, boa vert, absolument vorace et inhumaine dans la mare où elle sautera sur le malheureux insecte en péril.
La grenouille d'ici se distingue. On a des projets pour elle et qui lui plaisent. Dans les bains, dans des embrassements inavouables, elle vient se faire des amis. Certains aiment sa voix, le soir. D'autres, son humide.

*

C'est un aigle. Non, c'est un homme. C'est un homme déployé. Le grand drapeau de ses plumes, de ses longues pennes, ne fait pas oublier la méditation du regard, derrière un grand, grand bec pensif, beaucoup plus pensif que préhensif. Un type d'homme large, lent, fortement fixé, là où il est fixé, mais qui voudrait pouvoir saisir l'inconnaissable. C'est là qu'on va le tenir. Cherchant l'illimité, il trouvera à coup sûr de solides liens (se les fabriquant lui-même) pour s'empêcher d'entrer, pour s'empêcher de sortir, pour s'empêcher de vivre. L'enceinte est prête. Les interdits autour. Déjà il est raidi. Déjà les ailes sont collées. Déjà il est en bois. Maintenant il va pouvoir traverser les siècles.

Hinsichtlich der Haut, spürbare Fortschritte. Haltung und Kostüm werden ein Übriges tun.
Lediglich die Augen behalten ungeschmälert das Meergrün und das Feuchte der Rasse, den seltsamen Austausch zwischen Wasser und Zellgewebe, der bei den Amphibien so gut erforscht worden ist und bei dem einfachen Laubfrosch fast die Vollendung erlangt, wie er als grüne Boa grenzenlos gefräßig und unmenschlich im Tümpel thront, um von dort aus mit einem Sprung über das unglückliche Insekt in seiner gefährlichen Nähe herzufallen.
Der hiesige Frosch benimmt sich anders. Für ihn hat man Pläne, und sie gefallen ihm. In den Bädern, bei nicht einzugestehenden Umarmungen, hat er sich Freunde erworben. Manche lieben seine Stimme am Abend. Andere seine Feuchtigkeit.

*

Er ist ein Adler. Nein, er ist ein Mensch. Er ist ein entfalteter Mensch. Die große Fahne seiner Federn, seiner langen Schwungfedern, kann nicht darüber hinwegtäuschen, wieviel Betrachtung im Blick liegt, hinter einem großen, großen Denkerschnabel, sehr viel mehr Denker als Greifer. Ein breit angelegter, langsamer Menschentyp, stark fixiert, dort, wo er fixiert ist, aber er möchte das Unbegreifliche erfassen. Damit wird man ihn fangen können. Während er das Unbegrenzte sucht, wird er mit Sicherheit solide Fesseln finden (er wird sie sich selbst herstellen), die ihn daran hindern, hineinzugehen, die ihn daran hindern, herauszukommen, die ihn daran hindern, zu leben. Die Umzäunung ist fertig. Ringsum Verbote. Schon ist er steif geworden. Schon sind seine Flügel verklebt. Schon ist er Holz. Jetzt wird er die Jahrhunderte überdauern.

ANHANG

E. M. CIORAN:
DIE LEIDENSCHAFT DES ERSCHÖPFTEN

Einst nahm Michaux mich häufig mit ins Grand Palais. Man zeigte dort Dokumentarfilme über wissenschaftliche und technische Themen, merkwürdig manche und andere unverständlich. Was mich störte, waren in Wahrheit weniger die Vorführungen als vielmehr das Interesse, das er an ihnen nahm. Mir wollte nicht in den Sinn, daß dies seine besessene Aufmerksamkeit zu fesseln vermöchte. Wie kann nur ein so ungestümer Geist, fragte ich mich, der in steter Leidenschaft und Raserei auf sich selbst gerichtet ist, sich für derlei detaillierte, anstößig unpersönliche Vorführungen ereifern? Erst später, als ich über seine Rauschgiftversuche nachdachte, verstand ich, welch übersteigerte Objektivität und Strenge er gegen sich selbst gewinnen konnte.

Seine Skrupel sollten ihn bis zu einem Fetischismus des Minimalen, der kaum wahrnehmbaren Nuance führen, sowohl psychologisch als auch verbal, sich nahezu endlos wiederholend, mit einer atemraubenden Insistenz. Den Taumel durch Vertiefung erlangen, dies erschien mir das Geheimnis seines Vorgehens zu sein. Man lese dazu nur in *Unendliche Turbulenz* die Stelle nach, wo er von sich sagt, er sei »vom Weiß durchdrungen«, wo alles weiß ist, wo selbst »das Zögern« weiß ist und nicht minder »das Erschaudern«. Danach gibt es kein Weiß mehr, das Weiß hat es verzehrt, getötet. Seine ursprüngliche Besessenheit macht ihn rasend; er eliminierte eine Sinnestäuschung nach der anderen, ohne eine einzige auszusparen, er vernichtete sie, indem er sich hineinstürzte, eben ihrer Ursache, ihrer nicht existierenden Ursache nachspürend. Ein englischer Kritiker hat seine Sondierungen »erschreckend« gefunden. Ich dagegen finde sie positiv und begeisternd in ihrer Ungeduld zu zermalmen, zu pulverisieren, das meint, die Wahrheit zu entdecken und, als schließliche Krönung des Untergrabens, zu erkennen.

Auch wenn er sich selbst zu den »Müdegeborenen« zählt, hat er doch – seit je – nur den Trug gemieden, hat nur gegraben, nur gesucht. Nichts ermüdet in Wahrheit mehr als das Bemühen um Klarheit und gnadenlose Erkenntnis. Im Hinblick auf einen berühmten Zeitgenossen, der von dem universellen Krebsschaden »Geschichte« befallen war, gebrauchte er mir gegenüber einmal den bezeichnenden Ausdruck: »geistige Blindheit«. Das Gegenteil ist bei ihm der Fall – er hat den Imperativ hintergangen, hat in sich hinein und um sich, hat auf den Grund nicht nur einer Idee (was einfacher ist als man glaubt), sondern der geringsten Erfahrung oder des mindesten Eindrucks geschaut. Und hat er nicht jede seiner Empfindungen einer Prüfung, bei der er an Folter, Jubel, Eroberungswillen teilhat, unterzogen? Diese Leidenschaft, sich zu erfassen, sich seiner selbst bis zur Erschöpfung bewußt zu werden, mündet in ein Ultimatum, das er sich unablässig selbst stellt: ein zerstörerisches Erkunden der düstersten Zonen seines Wesens.

Aus dieser Bedingung muß man seinen Aufstand gegen die eigenen Träume begreifen und die Notwendigkeit, die er verspürt, sie, zum Ärger des hegemonialen Anspruchs der Psychoanalyse, zu entkräften, zu denunzieren und der Lächerlichkeit preiszugeben. Enttäuscht von ihnen ist es ihm eine Freude, sie zu bestrafen, ihre Leere zu proklamieren. Aber der wahre Grund seiner Wut war vielleicht weniger ihre Nichtigkeit als ihre gänzliche Unabhängigkeit von ihm, ihr Privileg, sich seiner Zensur zu entziehen, sich zu verbergen, indem sie sich über ihn belustigen und ihn demütigen durch ihre allnächtliche Mediokrität. Im Namen des Bewußtseins also, des Bewußtwerdens als Forderung und Pflicht, aus verletztem Hochmut beargwöhnte und verleumdete er sie, führte er gegen sie Klage, eine authentische Herausforderung an den Geist der Zeit. Indem er die Schaustellungen des Unbewußten entwertete, begab er sich der kostbarsten Illusion, die seit über einem halben Jahrhundert feilgeboten wird.

Jede innere Heftigkeit ist ansteckend; die seine mehr denn jede andere. Ein Gespräch mit ihm entmutigt nie. Dabei macht es wenig aus, ob man ständig oder nur gelegentlich mit ihm zusammen ist, wenn man nur in den wesentlichen Augenblicken versucht, seine Reaktion oder seine Überlegenheit sich vorzustellen: einsam ist er und doch stets präsent, untrennbar von dem, was zählt in einem Dasein. Diese Vertrautheit auf Distanz ist nur möglich mit einem Besessenen, der zur Unparteilichkeit fähig ist, mit einem Introvertierten, der aufgeschlossen und bereit ist, über alles zu sprechen, selbst über Politik. Seine Ansichten von der internationalen Lage, seine politischen Analysen, seine Einsicht in die verhängnisvolle Unabänderlichkeit der Machtverhältnisse sind erstaunlich richtig und oft prophetisch. Wer eine so genaue Vorstellung von der äußeren und inneren Welt hat und es vermag, von innen her den Wahnsinn zu erfassen, seine vielfältigen Formen zu durchlaufen, sich diese Anomalie gewissermaßen selbst einzuverleiben, so gewinnend und beneidenswert sie auch sei, der kann sie akzeptieren und versuchen, sie zu begreifen.

Nichts ist angenehmer, jedenfalls für mich, als mit Michaux sich über Krankheiten zu unterhalten. Man möchte meinen, daß er sie alle erahnt und gefürchtet, erwartet und geflohen hat – jedes seiner Bücher stellt eine Aufreihung von Symptomen, mutmaßlichen und teilweise aktualisierten Bedrohungen, von erdachten und nachvollzogenen Gebrechlichkeiten dar. Sein Gespür für die verschiedensten Arten der Verstörung ist erstaunlich. Allein die Politik, diese niedrigste aller prometheischen Versuchungen, was ist sie anderes als eine permanente, sich fortwährend steigernde Verstörung, der beispielhafte Fluch eines größenwahnsinnigen Affen? Der unneutralste, unpassivste Geist, den ich kenne, konnte nicht umhin, sich nicht dafür zu interessieren, und wäre es nur, um seinen Scharfsinn, seinen Ekel zu erproben. Schriftsteller sind gemeinhin, sobald sie das Geschehen kommentieren, von lächerlichster Naivität. Es ist wichtig, so scheint mir, eine

Ausnahme zu zitieren. Einmal glaubte ich, Michaux in flagranti ertappt zu haben, ihn nicht der Naivität (was physiologisch unpassend wäre), sondern der »bons sentiments« überführt zu haben, der Ergebung und der Resignation. Ich habe das damals schriftlich festgehalten, und mir scheint es nützlich, diese Aufzeichnung hier wiederzugeben:

»Ich bewunderte ihn für seinen aggressiven Scharfblick, seine Verweigerungen und seine Phobien, für die Summe seiner Aversionen. In jener Nacht, in der kleinen Straße, wo wir seit Stunden plauderten, sagte er mir mit einer völlig unerwarteten Gefühlsbetonung, daß der Gedanke, der Mensch könne verschwinden, ihm etwas ausmache ...

Darauf verließ ich ihn, fest davon überzeugt, daß ich niemals ihm diese Rührseligkeit und Schwäche würde verzeihen können.«

Ganz bewußt habe ich diese undatierte Notiz aus einem Heft herausgesucht, um zu zeigen, daß ich zu jener Zeit vor allem das Unentschiedene, Gespannte, »Inhumane« an ihm schätzte, seine Ausbrüche und sein Gelächter, seinen befreienden Humor, seinen Ruf als Schwärmer und Gentleman. In Wahrheit erschien es mir zweitrangig, daß er ein Dichter war. Eines Tages gestand er mir, daß er selbst zweifle, ob er einer sei. Er ist einer, das ist klar, aber man vermag sich vorzustellen, daß »er keiner hätte sein können«.

Was er in Wahrheit jedoch ist, begriff ich, als ich erfuhr, daß er in seiner Jugend die Mystiker geradezu verschlungen und sogar erwogen hat, ins Kloster zu gehen. Ich behaupte in der Tat, daß er, wenn er nicht selbst einer gewesen wäre, er niemals mit einer solchen Wut und so viel Methode nach extremen Zuständen gestrebt hätte, nach Extremen »diesseits des Absoluten«. Seine Schriften über Rauschgift kommen aus dem Dialog mit dem Mystiker, der er ursprünglich war, einem verhinderten, verpfuschten Mystiker, der auf Revanche aus ist. Vergliche man alle Texte, in denen er von der Ekstase handelt, miteinander und ließe dabei die Hinweise aufs Meskalin oder andere Halluzinogene aus, gewänne man

da nicht den Eindruck, es mit eigentlich religiösen Erfahrungen zu tun zu haben, die eingegeben und nicht hervorgerufen wurden und die verdienten, in einem Brevier einzigartiger Augenblicke und leuchtender Häresien versammelt zu werden?

Die Mystiker trachten nicht danach, Gott anheimzufallen, sie streben an ihm vorbei, getrieben von etwas undefinierbar Fernem, einer Wollust für die Letzten Dinge, die man bei all denen findet, die die Angst heimgesucht und mit sich fortgerissen hat. Michaux findet zurück zu den Mystikern durch seine »inneren Windstöße«, seinen Willen, das Unbegreifliche zu überlisten, zu bezwingen, es aufzubrechen, über es hinauszugelangen, ohne je zu verweilen, vor Gefahren zurückzuschrecken. Da er nicht das Glück oder das Unglück hatte, sich im Absoluten festzusetzen, schafft er sich selbst Abgründe, bringt immer neue hervor, taucht in sie ein und beschreibt sie. Diese Abgründe, so wird man einwenden, sind nur »Zustände«. Gewiß. Aber alles ist Zustand, ist nichts als Zustand für uns, die wir alle der Psychologie verfallen sind, seit es uns nicht mehr gegeben ist, uns im Höchsten zu verlieren.

Wirklicher Mystiker und unverwirklichter Mystiker zugleich: Wir begreifen ihn, da er alles ins Werk gesetzt hat, es nicht erst so weit kommen zu lassen, seine Ironie selbst an jenen äußersten Grenzen zu bewahren, an die ihn sein Trachten geführt hat. Sobald er Grenzerfahrungen erreicht hat, ein »unreines Absolutum«, ja sobald er unschlüssig wird und nicht mehr weiß, woran er ist, kann er es sich nicht verkneifen, Zuflucht bei einer vertrauten oder komischen Wendung zu nehmen, um darzutun, daß er nicht er selbst ist, daß er »sich erinnert«, daß er experimentiert, daß er sich in keinem Moment mit seiner Untersuchung identifizieren wird. In jedem seiner gleichzeitigen Exzesse wohnen nebeneinander die ekstatischen Offenbarungen der Angela von Foligno und die Sarkasmen eines Swift.

Daß ein Mensch, der, wie er, zum Scheitern bestimmt ist, all

die Jahre hindurch seine Lebhaftigkeit sich bewahren konnte, ist bewundernswert. »Ich überliste den alten [...] seinen verfluchten, versagenden Körper, [...] unser beider einziger Körper«, schreibt er, 1962, in *Wind und Staub**. Stets dieses Intervall zwischen Empfindung und Bewußtsein, stets diese Überlegenheit über das, was er ist, und das, was er weiß. So ist es ihm, in seinen metaphysischen Verwirrungen, seinen Verwirrungen schlechthin, im Umgang mit der Kenntnis gelungen, außerhalb seiner selbst zu bleiben. In dem Maße, wie unsere Widersprüche und unsere Unverträglichkeiten uns auf die Dauer beherrschen und lähmen, hat er die seinen zu bezwingen vermocht, ohne unvermerkt der Weisheit anheimzufallen, sich in ihr einzurichten. Indien war zeit seines Lebens eine Versuchung, glücklicherweise nicht mehr als eine Versuchung; denn wenn er aufgrund einer fatalen Metamorphose von diesem Land besessen, sein Geist von ihm verdunkelt worden wäre, hätte er diesem ihm eigenen Privileg absagen müssen, mehr als nur über jenen Fehler, der zur Weisheit führt, zu verfügen und dabei grundspröde zu sein. Das Vedanta wie der Buddhismus, welche Katastrophe, wenn er daran Geschmack gefunden hätte! Er hätte seine Begabung, seine Kraft hätte an Maßlosigkeit verloren. Die Rettung hätte ihn als Schriftsteller vernichtet: keine plötzlichen »Windstöße«, Ängste, Ausbrüche mehr.

Weil er sich also zu keiner Form des Heils herabgelassen hat, zu keinem Trugbild von Illumination, ist seine Arbeit so überaus stimulierend. Er bietet Euch nichts an, er ist, der er ist, er verfügt über kein Rezept der Heiterkeit, er fährt fort, er zaudert, als beginne er erst. Er akzeptiert Euch, vorausgesetzt, daß Ihr ebenfalls ihm nichts anbietet. Ich wiederhole: ein Nicht-Weiser, ein Nicht-Weiser besonderer Art. Ich wundere mich immer wieder, daß er vor lauter Intensität nicht zuschanden geworden ist. Seine Intensität manifestiert sich

* Die Jahreszahl bezieht sich auf die Buchausgabe, nicht auf die Erstveröffentlichung, wie bei dem Auszug in diesem Auswahlband. *A.d.Ü.*

indes nicht zufällig, schwankend, ruckweise; sie ist konstant, schlackenlos, sie ruht in sich selbst und stützt sich auf sich selbst, ist unerschöpfliche Unsicherheit, ist »Seinsintensität«, ein Ausdruck, den ich der Sprache der Theologie entlehnt habe, der einzigen, die in Betracht kommt, um ein Gelingen zu bezeichnen.

EDITORISCHE HINWEISE

Dieser Band ist eine Auswahl von Texten aus der zweibändigen Ausgabe der *Dichtungen, Schriften* von Henri Michaux aus dem S. Fischer Verlag (1966, 1971). Diese Ausgabe enthielt nur Dichtungen bis zum Jahre 1956; die Meskalin-Texte fehlten und waren für einen dritten Band vorgesehen, der nicht erschien. Daher bricht auch unsere Auswahl in der Mitte seines Schaffens ab, zwischen Michaux' erster Veröffentlichung *Wer ich war* (1927) und seinem Tode 1984. Michaux, der auf Vorschlag von Christoph Schwerin die Zusammenstellung der zweibändigen Ausgabe bestimmte, hat anderen »Werkausgaben« seiner Texte, auch in Frankreich, nicht zugestimmt (mit Ausnahme einer von ihm selbst bestimmten Auswahl für Italien, die erst nach seinem Tode erschienen ist), so daß er Besuchern gern erzählte, er greife stets zur S. Fischer-Ausgabe, wenn er selbst einen Text suche. Sie enthielt beispielsweise Gedichte aus *Wer ich war*, die in französischen Sammlungen nicht aufgenommen worden sind – als Textvorlage diente damals das Widmungsexemplar des Originals aus der Bibliothek von Ernst Robert Curtius, das sich heute in der Heidelberger Universitätsbibliothek befindet.

Die ersten deutschen Michaux-Übersetzungen von Kurt Leonhard erschienen 1953 in der *Neuen Rundschau*. Dort erschienen später auch die meisten Übersetzungen von Paul Celan, der als Herausgeber des 1. Bandes der Werkausgabe behutsam ratend Kurt Leonhard, dem treuen Freund und Übersetzer Michaux', zur Seite stand. Paul Celans hier abgedruckte Übersetzung von *Ecce homo* findet sich nicht in der Werkausgabe, sondern erschien im *Almanach S. Fischer 77* (1963).

Der Aufsatz von E. M. Cioran, übersetzt von Christoph Schwerin, wurde zuerst in der Literaturzeitung *Quinzaine littéraire* (16.-31. Januar 1973) veröffentlicht.

C. S.

INHALT